NOTICE HISTORIQUE

SUR L'ANCIENNE COMMUNE

DE

BELLEVILLE

ANNEXÉE A PARIS

ET SUR SA NOUVELLE ÉGLISE

EN STYLE DU XIIIme SIÈCLE

PAR

N.-M. TROCHE

CHEVALIER DE L'ORDRE PONTIFICAL DE St-GRÉGOIRE-LE-GRAND

> Custodi die noctuque locum istum
> cum habitatoribus ejus.
>
> (COLLECT. ECCLES. PARIS.)

PARIS

Imprimerie JULES-JUTEAU et FILS, rue Saint-Denis, 341

1864

NOTICE HISTORIQUE.

IMPRIMERIE JULES-JUTEAU ET FILS, RUE SAINT-DENIS, 311

EGLISE DE BELLEVILLE
Lassus Arch.te
MDCCCLIV

NOTICE HISTORIQUE

SUR L'ANCIENNE COMMUNE

DE

BELLEVILLE

ANNEXÉE A PARIS

ET SUR SA NOUVELLE ÉGLISE

EN STYLE DU XIIIme SIÈCLE.

PAR

N.-M. TROCHE,

CHEVALIER DE L'ORDRE PONTIFICAL DE St-GRÉGOIRE-LE-GRAND.

Custodi die noctuque locum istum
cum habitatoribus ejus.
COLLECT. ECCLES. PARIS.

1864

PRÉFACE

La Notice qu'on va lire a été composée pour les érudits et les archéologues; pour tout ami des souvenirs historiques, et surtout, pour les habitants de cette vieille montagne de Savie, couvertes de bois et de broussailles sous la première race de nos rois, et qui fut alors, par suite de leur munificence, convertie en terres labourables et en vignes accompagnées d'habitations, par des moines, laborieux enfants de saint Benoît; ce qui est une nouvelle preuve que la religion, divinement inspiratrice, est infailliblement le commencement, le milieu et la fin de toutes les œuvres humaines.

Notre tentative n'est pas sans quelque témérité : car, comment intéresser, en parlant d'une localité dont tout le monde connaît les chroniques? Mais l'église de Belleville étant la principale et la plus curieuse nouveauté de ce lieu, c'est elle qui nous a fourni l'occasion de faire ce modeste travail, pour lequel nous sollicitons toute l'indulgence de nos lecteurs.

Il est vrai, nous le savons, que l'histoire des peuples est écrite dans leurs monuments; mais leurs souvenirs s'effacent aujourd'hui dans le mouvement général des esprits, des affaires et du sensualisme. Encore un peu de temps, et, par toutes les transformations gigantesques qui s'opèrent incessamment, il ne sera plus possible, ou, au moins il sera très-difficile de lier le présent au passé.

Néanmoins, nous pensons qu'il est toujours nécessaire et utile de recueillir tous les faits épars pouvant compléter l'histoire du diocèse de Paris et de ses environs. C'est assurément sous l'impression de ce désir, que dans sa sollicitude conservatrice, monseigneur Affre, archevêque de Paris, de vénérable et courageuse mémoire, écrivit sa lettre pastorale du 1er février 1846, par laquelle il demandait à messieurs les curés de son diocèse de lui transmettre tous les documents intéressant l'histoire de leurs paroisses respectives, afin de pouvoir rétablir les archives archiépiscopales, détruites par l'émeute révolutionnaire.

Humble et simple laïc, nous sommes heureux de participer, selon nos faibles moyens, à l'œuvre élémentaire proposée par le regrettable prélat. Nous présentons d'abord dans cette Notice, un résumé historique des origines de cet ancien village de Belleville, devenu successivement, dans le cours des siècles, un bourg, une ville non murée, et qui, maintenant annexée à Paris, forme un de ses quartiers les plus populeux.

Nous exposons ensuite brièvement les motifs sérieux et le zèle qui ont fait accomplir, en peu de temps, l'œuvre devenue si nécessaire de la reconstruction de l'église paroissiale. Puis, sans avoir la prétention de faire un livre remarquable, nous donnons après, la description artistique et symbolique de cet édifice créé suivant la pure tradition de l'art chrétien, par notre savant et regrettable ami, Lassus, que nous avons connu dès son adolescence. Nous nous sommes toujours astreint, dans cette description, à la terminologie adoptée par le comité historique des arts et monuments.

Nous terminons cette préface en remerciant

M. l'abbé Demures, curé de Saint-Jean-Baptiste de Belleville; M. C. Truchy, architecte, élève et successeur de Lassus, et M. Cavaillé-Coll, facteur du grand orgue, qui ont bien voulu joindre leurs renseignements à ceux que nous tenions de feu notre savant ami. Nous ne devons pas non plus oublier dans la sincère expression de notre reconnaissance, M. l'abbé Caillebotte, l'un des honorables vicaires de la paroisse, pour la sérieuse attention avec laquelle il a eu la patiente bonté d'examiner notre œuvre, et de nous signaler judicieusement quelques rectifications désirables, que nous nous sommes empressé d'opérer.

Nous prions les pieux fidèles qui visiteront cette église de n'y point oublier le pasteur, ses vicaires et le troupeau confié à sa sollicitude. C'est animé de ce sentiment que nous avons donné pour épigraphe à notre petit livre ces saintes paroles, prises dans le Missel de Paris : « *Custodi die noctuque locum istum, cum habitatoribus ejus.* » (Gardez jour et nuit ce lieu, et ceux qui l'habitent!)

NOTICE HISTORIQUE

SUR L'ANCIENNE COMMUNE

DE

BELLEVILLE

ANNEXÉE A PARIS

ET SUR SA NOUVELLE ÉGLISE

EN STYLE DU XIIIme SIÈCLE

L'histoire nous apprend que, dans l'espace de dix-huit siècles, l'enceinte murale de Paris a été démolie et reconstruite neuf fois; embrassant à chaque reconstruction une plus vaste étendue. Mais, alors, c'était tout simplement des terrains vagues, ou en culture. Aujourd'hui, l'événement est d'une plus grave portée : ce sont de nombreux centres de population, qui avaient une existence distincte, et une organisation municipale séparée, que la volonté suprême de l'empereur Napoléon III a jugé utile d'annexer à cette ville, réputée déjà et à bon droit, l'une des plus grandes et des plus magnifiques du monde.

Ainsi, indépendamment des communes ou portions de communes, maintenant comprises dans la nouvelle circonscription de la capitale, il s'en trouve cinq qui, d'origine récente, avaient pris le titre de *ville* : ce sont Passy, Montmartre, La Villette, Belleville et Bercy.

Au point de vue topographique, il est évident que la construction de l'enceinte des fortifications de Paris, de 1840 à 1843, devait amener incessamment l'agrandissement de cette capitale jusqu'à la zône de défense. Nous n'avons pas à examiner ici, s'il y avait une nécessité urgente d'opérer, dès l'année 1860, l'annexion de la banlieue, mesure qui rencontra quelques contradictions, notamment de la part du conseil municipal de La Villette, lequel publia, à cette occasion, un mémoire qui produisit une sensation marquée dans le public. Cependant, il est bon de constater, dans un intérêt purement historique, que de grandes étendues de champs et de terres labourables existaient en 1859, et existent encore aujourd'hui, entre la ville et les remparts qui la défendent ; et que sur le plan de Paris de notre époque, figurent, en outre, dans certains quartiers, beaucoup d'espaces vides et de quartiers déserts, qui seront encore longtemps à se construire et à se peupler.

Or, par suite de ce mémorable agrandissement de Paris, la ville de Belleville y a été annexée et comprise, pour une partie, dans le 19e arrondissement, et pour l'autre partie, dans le 20ᵉ et dernier arrondissement municipal. Une église monumentale venait d'y être construite trois ans avant cette annexion. Elle est actuellement la principale curiosité architecturale de ce nouveau quartier urbain. Cette œuvre éminemment remarquable par la régularité et l'économie de son plan, la belle simplicité de ses détails et son unité esthétique, est le dernier ouvrage dû au savant architecte Jean-Baptiste-Antoine Lassus, l'un de ceux par qui l'art chrétien et national a été régénéré au XIXᵉ siècle. Mais la description que nous allons essayer d'en faire ici pourra, sans doute, paraître moins aride et plus intéressante, si nous la faisons précéder de quelques courtes notions sur l'histoire locale de l'ancienne commune de Belleville, naguère encore l'une des plus grandes de cet arrondissement départemental de Saint-Denis, qui avait acquis, depuis quelques années, l'importance d'un département de second ordre, par le développement de son commerce et par celui des principales villes ou communes de sa circonscription, aujourd'hui démembrées, au profit de Paris.

Belleville séant à l'orient d'été, et qui fut si longtemps contigu à l'enceinte de cette capitale, est situé sur les pentes et sur le plateau de la chaîne des collines gypseuses qui dominent Paris. Il est assis sur le coteau de Saint-Chaumont, dont, avec les dépendances de Ménilmontant et de la Courtille, il couvre la croupe méridionale. Étant compris dans la zône fortifiée de

Paris, Belleville devait donc nécessairement être agrégé à cette grande ville, comme les autres communes limitrophes, suivant la règle de fusion arrêtée.

Belleville, d'une origine très-reculée, n'était encore qu'un village, il y a à peine cinquante ans. Mais on en trouve des mentions dans des titres fonciers ou autres documents authentiques, sous les rois de France de la première race. C'était alors une humble bourgade, dépendant de l'Ile de France et du diocèse de Paris, connue vulgairement sous le nom de *Savie*, en latin : *Saviæ* ou *Savegium*, appellation primitive, dérivée, suivant le docte ecclésiologue, l'abbé Lebeuf, du vieux mot : *Savard*, qui, en terme d'agriculture, s'applique à une terre en friche, ou à une pelouse non cultivée (1). Ce lieu, naguère encore séparé de Paris par des champs et des jardins maraîchers, y était déjà adhérent lors de l'annexion, mais seulement par une continuité de maisons, formant ligne des deux côtés de la route, et bâties environ un demi-siècle avant cet événement; or, c'était, en 1859, une ville qui avait une population de 57,000 habitants, si nous devons nous en rapporter à la brochure citée ci-après, qui fut publiée en 1854, à l'occasion de la pose de la première pierre de la nouvelle église. Mais ce chiffre semble douteux : c'est trop ou trop peu; car, en comprenant Ménilmontant qui était de la com-

---

(1) *Hist. de la banlieue ecclésiastique de Paris*, t. III, page 136— *Dict. de Bescherelle*, au mot : *Savart*.

mune de Belleville, cela doit faire plus, puisqu'il y a aujourd'hui 80,000 âmes dans les deux paroisses réunies.

Les divers démembrements que les rois mérovingiens firent successivement de cette terre, en faveur de plusieurs églises ou monastères, prouvent avec évidence qu'elle faisait partie de leur domaine privé, et qu'ils y avaient une résidence de pur agrément, dont il ne reste aujourd'hui qu'un vague et obscur souvenir traditionnel. Cependant, on trouve dans quelques cabinets d'antiquaires des pièces de monnaie frappées en ce lieu, et sur lesquelles on lit distinctement : *Savi*, monnaie qui est incontestablement de la première race, mais dont il n'existe aucun type au Cabinet impérial des médailles.

Ainsi, dès le VIIe siècle (656-670), Clotaire III donna une partie de la montagne de Savie au monastère des bénédictins de Saint-Pierre-des-Fossés, dit, plus tard : de Saint-Maur (1), fondé, il y avait à peine vingt ans, par Blidégisilde, archidiacre de Paris, dans le vieux château des Fossés, sur les bords de la Marne, que lui avait donné Clovis II, ou plutôt la reine Nantilde, tutrice de ce prince, son fils. C'est pourquoi cette abbaye possédait encore au Xe siècle, à Savie, sept maisons ou manses, qui formaient des familles, assujetties à des redevances de brebis, de vin et de volailles (2).

(1) *Vita S. Babolini, apud autorit. Francos* D. Bouquet, tom. III, p. 570. — Lebeuf, *Loc. cit.* La manse était une certaine mesure de terre, exempte d'imposition.

(2) *Polypt. Fossat. Baluz. Capitular. T.*

D'après un titre de la *Diplomatique*, de dom Mabillon (Liv. V, p. 537), l'abbaye royale de Saint-Denis, possédait aussi un manoir *in Savegia*, en l'an 862, la 22me du règne de Charles II, dit le Chauve.

Le roi Hugues-Capet (987-996), et Adélaïde de Poitou, sa femme, pleins d'affection pour l'abbaye bénédictine de Saint-Magloire, à Paris, lui donnèrent un clos de vignes : *Juxta Saveïas* (1). Mais on croit que cette donation se fit lorsque ce prince n'était encore que duc de France et comte de Paris.

A cette époque où la ville de Paris commençait à s'agrandir, au nord et au midi, elle était tout comme Lutèce, la vieille ville gauloise, enceinte d'un épais rempart d'arbres, de plusieurs kilomètres de profondeur ; et près de cette capitale, deux vastes forêts occupaient les bords de la Seine : l'une, au midi, l'autre, au nord. Leurs deux extrémités subsistent encore sous les noms de Bois de Boulogne et de Bois de Vincennes (2).

Au XIe siècle, tout le territoire au nord de Paris était aussi encore couvert de forêts du domaine royal. En 1060, Henry Ier, fondateur du prieuré bénédictin de Saint-Martin-des-Champs (1055), en lui accordant de grands et nombreux priviléges, lui concéda une grande partie de ces bois, ainsi que des vignes, pressoirs et

---

(1) Lebeuf, *Banlieue ecclés. de Paris. Hist. du Diocèse*, tome III, page 136.

(2) L.-F. Alfred Maury, *Histoire des grandes Forêts de la Gaule*. page 234 et suivantes.

maisons, que ce monastère posséda longtemps *in monte Saviis* (1). Ainsi, on voit par ces actes successifs de générosité, que nos rois favorisaient avec un accroissement continuel d'amour, l'œuvre de ce grand ordre bénédictin qui a défriché, parmi nous, toutes les intelligences et toutes les terres.

L'abbaye de Montmartre, fondée en 1134, par Louis VI, dit le Gros, et par Adélaïde de Maurienne, ou de Savoie, sa seconde femme, qui y fut inhumée, avait, dès lors, une vigne *in monte Saviis vineam*, provenant de nombreux dons faits par les royaux époux, à la naissante abbaye (2). Celle de Saint-Victor, aussi fondée en 1110, par Louis le Gros, y avait aussi une censive féodale (3). Le prieuré de Saint-Éloi, en la Cité, bâti par le roi Dagobert, sur les ruines de la maison où mourut ce saint évêque de Noyon, en 659, en face du palais, préleva des dîmes à Savie et y exerça des droits seigneuriaux pendant plusieurs siècles (4). Enfin, dans la seconde moitié du XIIe siècle, la cathédrale de Paris posséda aussi des vignes à Savie, qui lui avaient été léguées, tant par Barbador, doyen du chapitre (1168-1184), et chapelain du roi Louis VII, que par un autre prêtre, nommé Roger, en souvenir de quoi ils sont inscrits dans le nécrologe comme bienfaiteurs de l'église

(1) D. Marier. *Hist. S. Mart. a Camp.* p 180, publ. en 1627.
(2) *Bull. Eug. III. Ann.* 1147 — Lebeuf, *loc. cit.* p. 137.
(3) *Necrolog. Sanct. Vict. apud Savias.*
(4) *Chartulas Sanct. Elig. ann.* 1391.

de Paris, sous les dates des 20 septembre 1180 et 20 décembre 1182 (1).

Ainsi, dans tous les actes qui constituent ces diverses donations, le lieu qui nous occupe est toujours désigné par l'une des variantes qui précèdent, ou bien, on y lit : *Apud Saveyas*. Il figure sous le nom de *Saviæ*, dans des lettres compromissoires, souscrites par Baudoin, vingtième prieur de Saint-Martin-des-Champs, en mars 1287 (2)

Ces largesses territoriales faites successivement par la pieuse générosité de nos rois, constituèrent sur la montagne de Savie, et dans ses dépendances, dix-sept ou dix-huit seigneuries, dont une seule et principale a survécu jusqu'au siècle dernier, en conservant son nom primitif et foncier. Cette seigneurie était celle du prieuré de Saint-Martin-des-Champs, dont la maison féodale, située sur le haut de la montagne, à droite, en venant de Paris, et formant aujourd'hui deux propriétés portant les nos 78 et 80, de la grande rue, est encore appelée par les habitants et cultivateurs locaux : « la ferme des Savies; » ou tout simplement « la ferme. » Le lieu des Savies ou Savines était évidemment l'assiette de

---

(1) *Obituarium Ecclesiæ Parisiensis*. Dans le Cartulaire de Notre-Dame-de-Paris publié par M. Guérard, membre de l'Institut de France, avec la collaboration de MM. Gérard, Marion et Deloye, par les soins du Ministre de l'Instruction publique, tome IV, page 153 et 599.

(2) *Chartular. Eccl. Paris. (Pars secunda, sive parvum pastorale :* § XIV). tome Ier du Cartulaire précité.

cette ferme féodale, sur le versant de la montagne la plus proche de la descente de la Courtille (1).

Tous ces seigneurs ecclésiastiques, et en particulier les moines de Saint-Martin-des Champs, exercèrent une influence remarquable sur la mise en culture du territoire de Savie. Ils défrichèrent ces bois et ces landes qui n'avaient été jusqu'alors que le repaire des bêtes fauves, et qui répandaient au loin la stérilité. Ce rôle civilisateur, cette action agricole des moines, ne cessa que lorsque, enrichis par leurs louables efforts et leurs utiles travaux, ils ne songèrent plus qu'à jouir paisiblement de leurs biens, et abandonnèrent à des serfs, moyennant redevance, le soin de cultiver le sol, dont ils consommaient le produit en œuvres charitables, en dépenses pour leur entretien et celui de leurs établissements ; ou pour ces travaux de l'art, d'étude et d'esprit qui reposent l'âme, sans la soustraire aux saintes méditations, et dont ils nous ont laissé tant de précieux monuments. Puis, avec ce génie de la charité et de l'amélioration des mœurs, inhérent à cet ordre célèbre de Saint-Benoît, qui rendit tant de services à la religion

---

(1) Pour connaître l'étendue de cette seigneurie capitulaire, au siècle dernier, voir aux Archives impériales, section domaniale, R. IIIme classe, n° 533, le plan du fief Marcadé, de la ferme de Savi, et des territoires dépendants de la censive de St-Martin-des-Champs près de Belleville (1735-1745). Une partie de ces terres féodales est traversée maintenant par une grande rue *(rue Puebla)* qui ira de la rue Lafayette au cours de Vincennes et reliera La Villette, Belleville, Ménilmontant, Charonne et Vincennes.

et à l'humanité, ces hommes de Dieu, finirent par distribuer, pour les mettre en culture, des portions de terre à leurs serfs, qu'ils avaient affranchis en leur fournissant des avances; et, successivement, ils en vendirent à divers quelques parties, à mesure que Paris s'étendait de ce côté. C'est ainsi que des cultures se formèrent aux abords des murs d'enceinte de cette capitale, et que ces transactions donnèrent l'existence dans les terrains bas, non-seulement à des marais destinés à la culture des herbes potagères et des légumes, mais encore, à des *Courtilles* (1), nom resté à cette dépendance de Belleville, où les religieux du Temple possédaient anciennement plusieurs jardins d'agrément (2). Ainsi, Belleville, aujourd'hui l'un des nou-

(1) *Courtille* est un vieux mot employé dans les titres et cartulaires, et encore usité en Picardie. Ce mot signifie un enclos, un jardin champêtre. Paris, au moyen-âge, était entouré de courtilles où les bourgeois allaient en famille se distraire et se délasser. Il y avait dans ce quartier, outre la courtille du Temple, les courtilles Saint-Martin, de Barbette et de Boucelais. Il n'y a plus que celle du Temple qui ait conservé son nom, bien qu'elle ait changé depuis longtemps de physionomie. Il n'y avait jadis que des jardins, il n'y a guère aujourd'hui que des maisons de commerce et des cabarets où le peuple se rend pour y boire et manger à certains jours de plaisirs. On y a dès longtemps débité du mauvais vin, d'où il vient qu'on donne proverbialement aux vins médiocres ou falsifiés, le nom de *Vin de Courtille*. La Courtille dut sa réputation grivoise au fameux cabaretier Ramponneau, qui, vers le milieu du dernier siècle, sut par ses manières gaies et spirituellement enjouées, y attirer la foule et y acquérir une fortune considérable.

(2) Barillet, *Recherches historiques sur le Temple*, page 21.

veaux quartiers de Paris, fut pendant huit siècles un pays vignoble et de culture.

Le chapitre de l'église collégiale et paroissiale de Saint-Merry, à Paris, jouissait depuis déjà longtemps, dans la moitié du XIII° siècle, d'un patronage ecclésiastique et féodal, sur une partie centrale du territoire de Savie, au milieu de ce qui formait alors le village, où fut bâtie, au XVI° siècle, la chapelle primitive; puis, successivement l'église paroissiale, démolie en 1854, et sur l'emplacement de laquelle fut édifiée aussitôt celle que nous allons décrire. L'origine très obscure de ce droit féodal ne peut guère s'expliquer que par un échange fort ancien, entre ce chapitre et l'abbaye de Saint-Maur, qui, d'après l'abbé Lebeuf, ne possédait plus rien sur cette montagne depuis cinq siècles. A moins d'admettre que ce droit remontant plus haut, ait pu se rattacher à quelques donations faites à cette collégiale, au X° siècle, par le comte Adalbert et autres, à l'occasion de la translation du corps de saint Merry, en 884; donations qui furent successivement approuvées par les rois Carloman et Eudes; puis, confirmées par la charte de Louis d'Outremer, donnée à Laon, le 1ᵉʳ février de l'an 936 (1).

Le savant ecclésiologue a trouvé dans l'un des petits registres du Trésor des Chartes (2), sous la date de 1273,

---

(1) Archives impériales, section historique, série J.
(2) *Histoire de la Banlieue ecclésiastique de Paris*, tome III, page 137.

sous le règne de Philippe III, dit le Hardi, une mention de ce droit curial, au sujet d'une contestation de la justice, sur cinq *hostises*, ou maisons situées en ce lieu. Ensuite, il déclare n'avoir découvert aucuns titres qui en parlent, mais bien, une description de la banlieue de Paris au temps de Charles VI (1380-1422), où, en donnant le détail de tout ce qui composait les habitants de la montagne, les *Hostes* de Saint-Merry et Poitronville y sont cités. Puis, il dit avoir lu dans un autre description, écrite au XVIe siècle, et tirée d'un registre du Châtelet de Paris : « Poitronville, dit Belleville; les Hostes de Saint-Merry; l'hostel de Savy, dit l'hostel de Saint-Martin. » Dans ce lieu ainsi désigné, les bénédictins avaient établi une métairie et plusieurs moulins à vent, qui existaient encore au siècle dernier.

Il paraît évident que ceux des habitants désignés sous le titre d'*Hostes de Saint-Merry*, par exception des autres habitants de Poitronville, dit Belleville, ne l'étaient ainsi, que parce qu'établis sur un fonds appartenant à cette collégiale, ils étaient légalement les vassaux de son chapitre, et tenus, sous le point de vue spirituel, de la reconnaître pour leur paroisse et d'y accomplir leurs devoirs religieux, malgré l'énorme distance qui les séparait et quoiqu'ils eussent à traverser les territoires de Saint-Nicolas-des-Champs et de Saint-Laurent, avant d'arriver à Saint-Merry.

Il semble résulter des documents précités, que le nom de *Poitronville* a dû succéder à celui primitif de *Savies*.

Cependant, ces deux deux noms ont été employés ensemble quelquefois ; puis, dans des titres du XIIIe siècle, inscrits dans le cartulaire du prieuré de Saint-Éloi, compulsé par l'abbé Lebeuf, *Saviis* et *Poitronvilla* y sont désignés comme étant des lieux séparés, mais voisins ; et dans plusieurs actes du même cartulaire, les *Savines* et *Poitronville* y sont cités comme étant des localités distinctes, où ce prieuré avait des droits seigneuriaux. Dans le cartulaire de Notre-Dame de Paris, publié en 1850, par M. Guérard (tome III, page 102, et à l'Index), ce lieu est nommé *Poirtronville*.

Le village de Poitronville, qui a dû être d'abord un hameau de *Savie*, paraît, en effet, avoir formé la partie du territoire du vieux Belleville, du siècle dernier, la plus éloignée de Paris. Il a pu, suivant quelques-uns de ces étymologistes qui, comme les cloches, font dire aux mots, tout ce qu'on veut, tirer son nom de celui de quelque seigneur de la localité, appelé *Poitron* ou *Boitron* ; c'est là, ce nous semble, une pure supposition qui ne s'appuie sur aucun fait, mais sur la seule inflexion du mot radical : *Poitron*. Or, il n'y a pas de science où il soit plus facile de s'égarer dans le champ des conjectures que celle de l'étymologiste. Ce nom qui fut exclusivement adopté pendant un certain laps de temps, paraît avoir été employé plus communément pour l'usage public, dans la période du XIVe ou XVe siècle, puisque dans l'exposé d'une grâce obtenue du roi Charles VI, il y est parlé de gens « qui s'estoient allez esbattre et jouer à Poitronville, assez près de Paris, en une certaine taverne séante au dit lieu et ville (1). » La dénomination de *ville*, donnée ici à ce lieu, démontre que le bourg et ses adjonctions avaient déjà, à la fin du XIVe siècle, une certaine importance. Elle devait rationnellement s'appliquer à un assemblage de maisons, disposées par rues, bien qu'elles ne fussent pas entourées par des murs d'enceinte. L. Antoine Lancelot, qui a beaucoup écrit sur nos antiquités nationales (1675-1740), a cru que le nom de *Poitronville* dérivait de *Pastorum villa* (village des bergers). Mais, ainsi que le fait judicieusement observer l'abbé Lebeuf, il eût fallu, pour que cette interprétation fut exacte, qu'on eût dit en terme vulgaire : *Patronville*. Ce ne fut guère avant le premier tiers du XVIe siècle que le nom de *Poitronville*, fut définitivement changé en celui de *Belleville*.

Ce territoire communal était, comme nous l'avons dit précédemment, divisé en dix-sept ou dix-huit seigneuries distinctes (2). Il en résultait que les maisons bâties sur la montagne, n'étaient pas, pour la plupart, de la

1) *Trésor des Chartes*, regr 146, pièce 207. Archiv. imp., série J. — Lebeuf, *Banlieue eccl. de Paris*, tome III, page 139.

2) On comptait encore dans ce nombre de seigneurs, en 1754, l'archevêché de Paris, comme étant substitué aux droits de l'abbaye de Saint-Magloire et du prieuré de Saint-Eloi, qui, alors, n'existaient plus; l'abbaye de Saint-Denis, qui avait autrefois possédé quelques terres et un manoir au-dessus du Pré Saint-Gervais, aux environs de Poitronville, terres comprises dans le lot du pannetier de cette abbaye; le prieur de Saint-Martin-des-Champs, ayant dans son partage la ferme de Savies.

même paroisse. Ainsi, la paroisse de Pantin, déjà considérable au XIVe siècle, possédait la majeure partie de Poitronville, peut-être même la totalité. Celle de Bagnolet y avait aussi un écart, et le territoire de la paroisse royale de Saint-Paul, à Paris, s'étendait jusque dans le vallon voisin. Chaque habitant reconnaissait pour sa paroisse l'église où il avait été baptisé. Mais le vasselage sous l'empire duquel vivaient les *Hostes de Saint-Merry*, les obligeait de se soumettre à tout ce que le chapitre de cette église avait le droit d'exiger d'eux, ils ne pouvaient accomplir leurs devoirs de paroissiens que dans la collégiale de Saint-Merry, bien qu'ils en fussent beaucoup plus éloignés qu'ils ne l'étaient de Pantin ou de Bagnolet.

Après avoir supporté pendant près de trois siècles cette situation exceptionnelle et finissant par s'en lasser, ils présentèrent une requête au vicaire-général du cardinal Eustache de Bellay, évêque de Paris, à l'effet d'obtenir la permission de faire célébrer la messe sur un

---

avec plusieurs moulins et des vignes, l'abbaye royale des bénédictines de Saint-Antoine, le chapitre de Sainte-Opportune, le séminaire de Saint-Lazare, et l'abbaye de Saint-Victor, à cause de la ferme de Saint-Paul-des-Aulnois. Parmi les autres fiefs, qui probablement appartenaient à des particuliers, on distinguait le fief de Mauny, dépourvu de manoir et provenant de Suzanne de Beringhen, duchesse de la Force, et qui était alors la propriété de Louis-Philippe, quatrième duc d'Orléans, propriétaire en même temps d'une délicieuse habitation à Bagnolet Suivant qu'on l'avait assuré à l'abbé Lebeuf, l'église paroissiale de Belleville était sur la censive de l'un de ces seigneurs séculiers, mais aucun d'eux n'était nommé au prône. — *Banlieue ecclés. de Paris*, tome III, page 141.

autel portatif, et chanter l'office divin dans une chapelle qui venait d'être bâtie à *Belleville :* nom qui venait aussi d'être substitué à celui de *Poitronville*, sans qu'aucun acte en ait révélé l'époque et le motif. La demande des **Hostes de Saint-Merry** leur fut octroyée par l'évêque, du consentement du chefcier et du curé de cette collégiale, suivant acte du 22 octobre 1543, portant réserve du patronage et de la collation du bénéfice (*Jure cujus libet salvo*) (1). Cet acte de juridiction ecclésiastique est le premier où se trouve inscrit le nom de *Belleville* : ce lieu y est appelé *Bellavilla super Sabulum;* c'est-à-dire : *Belleville-sur-Sablon,* par allusion à la nature du sol de la localité, généralement sablonneux et calcaire, quoiqu'un peu mêlé d'argile. Mais il a gardé ce surnom, tant qu'il n'occupa que le plateau de la montagne.

Ce qui prouve que ce fut le village de *Poitronville* qui prit ce nouveau nom de *Belleville*, c'est cette double dénomination de *Poitronville* dit *Belleville*, au XVIe siècle, résultant du registre du Châtelet, précité; appellation qui se retrouve deux siècles plus tard, vers l'année 1754, dans le rôle des tailles de cette localité, mais qui ne tarda pas à être signifié par le nom bref et euphémique de *Belleville*, nom sous lequel fut désignée, pendant plus d'un siècle cette ancienne commune, qui n'avait pas moins de 346 hectares de superficie, au moment de son annexion.

(1) *Reg. épisc. Paris.* — Lebeuf. *Bonl. ecd. Paris*, tome III. page 139.

La chapelle de ce village, devenue paroisse peu de temps après sa construction, était sous l'invocation de saint Jean-Baptiste. La population était alors d'environ sept à huit cents âmes. Si elle augmenta peu jusqu'au commencement du siècle actuel, du moins, on distinguait parmi elle des notabilités sociales, occupant un rang éminent dans la noblesse, la magistrature, les arts et les lettres. Elles y étaient attirées par la beauté du site, par son orientation, par l'air pur de cette campagne élevée, et enfin, par ses champs de vignes, de lilas et de groseilles, aujourd'hui couverts de maisons. Au nombre des seigneurs séculiers de cette terre divisée en fiefs, on y remarquait la famille parlementaire de Saint-Fargeau. Ainsi, à l'époque de la première révolution, Louis-Michel Pelletier de Saint-Fargeau, ancien avocat-général et président à mortier au Parlement de Paris, député aux États-Généraux par la noblesse de Paris, en 1789, et son frère Félix, qui, après avoir été démagogue, fut membre de la Chambre des représentants pendant les Cent-Jours, tous deux tristement célèbres, possédaient à Belleville un magnifique château domanial, démoli depuis déjà bien longtemps, et dont une grande partie de l'immense parc est convertie en cimetière communal. L'autre partie, où se trouve un lac, est maintenant, sous la désignation de *Lac Saint-Fargeau*, un jardin de divertissements, danses, noces, festins, etc., appartenant à un particulier qui l'exploite.

Belleville, où l'on se promenait encore avant

dans des sentiers champêtres, ombragés d'arbres, de rosiers et de haies vives, fut, dans le courant du siècle dernier, le théâtre de faits divers dont l'histoire doit garder le souvenir. C'est à Belleville que le trop célèbre voleur Cartouche, supplicié le 28 novembre 1721, se réfugiait dans une maison dite : du *Diable*, actuellement rue des Couronnes, n° 33. Mais il fut arrêté à la *Courtille*, dans un cabaret, dit alors le *Pistolet*.

Charles-Simon Favart, auteur dramatique, avait une petite maison à Belleville, qu'il habita pendant vingt-cinq ans, et où il mourut le 12 mai 1792. Marie Justine Duronceray, dite Mlle de Chantilly, sa femme, célèbre actrice, y était décédée, vingt ans avant, le 22 avril 1772. En 1807, on voyait encore leur tombeau dans le vieux cimetière. Ils étaient venus se réfugier en ce lieu pour fuir les assiduités du maréchal de Saxe. C'est là qu'ils se lièrent avec l'abbé Voisenon, poète français, autre illustration littéraire de leur temps, dont les habitudes mondaines contrastaient beaucoup trop avec son caractère ecclésiastique. C'est là qu'ils composèrent les pièces qu'ils ont donné à l'Opéra-Comique.

C'est à Belleville que le philosophe et conventionnel Dupuis, auteur de *l'Origine de tous les cultes*, commença ce travail hétérodoxe. En 1778, il exécuta, par forme d'essai, un télégraphe, pour correspondre de Belleville, où il demeurait, avec un de ses amis qui habitait le village de Bagneux. C'est cette utile invention, que Claude Chappe, ingénieur et physicien, perfectionna plus tard, et présenta à la Convention nationale, en 1793.

Jean-Jacques Rousseau affectionnait Belleville, et y venait souvent herboriser. Il faillit y périr d'une chute, en 1774, ayant été renversé par les chevaux du carosse du comte de Saint-Fargeau (1). En des temps plus rapprochés du nôtre, d'autres célébrités littéraires et artistiques ont habité à Belleville : nous citerons entre autres Michel Guyot de Merville, auteur dramatique, mort en 1755, après avoir coopéré pendant quelque temps à la rédaction des feuilles critiques que l'abbé Desfontaines publiait contre Voltaire; Charles Brifaut, poète et publiciste; Colnet de Ravel, homme de lettres et journaliste, décédé à Belleville en 1832; Léon Cognet et Diaz de La Pêna, peintres d'histoire, qui se sont distingués par des compositions fort remarquables; Barye et Wechte, qui, dans l'art de la sculpture, surent aussi acquérir un certain mérite.

Le plateau sur lequel Belleville est assis, offrait une position stratégique trop avantageuse pour, que dans les

---

(1) Baruel-Bauvert, *Vie de J.-J. Rousseau*; Londres et Paris, 1789, in-8°. — Rousseau, renversé en 1776, sur le chemin de Ménilmontant, par un énorme chien qui précédait un équipage, resta sur la place, tandis que le maître, le président de Saint-Fargeau, le regardait étendu avec indifférence. Il fut relevé par des paysans et conduit chez lui, boiteux et souffrant beaucoup. Le magistrat ayant appris le lendemain quel était l'homme que son chien avait culbuté, envoya un domestique demander au blessé ce que monsieur pouvait faire pour lui. « *Tenir désormais son chien à l'attache*, » dit le philosophe, et il congédia le domestique.

diverses attaques dont Paris a été l'objet, depuis celle d'Attila, roi des Huns, surnommé le *Fléau de Dieu*, qui eut lieu en l'an 429, jusqu'à nos jours, les assaillants ne s'empressassent pas de l'occuper. Il en dut être ainsi, lorsqu'en 1360, Edouard III, roi d'Angleterre, essaya, sans succès, de s'emparer de cette capitale. Il en fut de même, lorsqu'en 1413, les troupes de Jean-sans-Peur, duc de Bourgogne, s'avançaient sur Paris, tandis que la faction des Armagnacs et des Bourguignons étaient aux prises pour se disputer le pouvoir et lorsque les Armagnacs venaient d'incendier les maisons que Robert de la Heuse, prévôt de Paris, possédait à Bagnolet et dans les autres environs de Belleville (1). Enfin, cette montagne fut encore un point d'attaque pendant les guerres de la Réforme et lors du blocus de Paris, par Henri IV, le 7 mai 1590. Mais, aujourd'hui, ce danger n'est plus à craindre, puisque cette position dominante est désormais enclavée dans l'enceinte des fortifications.

Il y a dans la partie de Belleville qui dépendait anciennement du chapitre de Saint-Merry, un terrain appelé *la Fosse aux Flamands*, dans la dîme duquel le prieur de Saint-Éloi avait été maintenu en 1360. L'abbé Lebeuf pense que ce nom lui vient de quelque déroute des Flamands. Or, cela paraît d'autant plus probable que le duc de Bourgogne, en sa qualité de comte de Flandres, avait des corps de Flamands parmi ses troupes,

(1) *Chronique du moine de Saint-Denis*, trad. par Bellaguet ; tome IV, page 521.

et que l'un de ces corps fut détruit et enterré sur ce terrain.

Lors de l'invasion des armées étrangères, en 1814 et 1815, Belleville fut un des lieux où la valeur française s'est le plus signalée contre ses ennemis coalisés. Mais les intéressants détails de ces glorieux faits d'armes sortant de notre sujet, nous renvoyons à ce qu'en a écrit P. Saint-Aubin, dans son *Dictionnaire historique, topographique et militaire des environs de Paris*, page 25 et suivantes.

C'est du sein de la montagne de Belleville que sortent une partie des eaux qui alimentent les fontaines de Paris; et, cependant, Belleville ne possède qu'une fontaine publique d'eaux naturelles de son sol. Ces eaux coulaient primitivement à ciel ouvert, et allaient se perdre dans la vallée de Paris, appelée *le Marais*. Les premiers travaux pour conduire ces eaux furent faits avant le règne de Philippe-Auguste, par les moines de Saint-Éloi, de Saint-Martin-des-Champs, de Saint-Magloire et de Saint-Lazare. Ces travaux consistent en une pierrée ou aqueduc souterrain, parfaitement construit, et accompagné de plusieurs regards. Cet aqueduc fournit sous Philippe II les trois premières fontaines de Paris, savoir: celle des Halles, des Saints-Innocents et de la rue Maubuée. Cet aqueduc fut, en 1457 et en 1583, l'objet de grandes restaurations, dont le souvenir nous a été conservé. Le nombre des fontaines alimentées par ces eaux fut successivement augmenté. On en comptait déjà seize sous le règne de Louis XII (1498-1515). Mais les guerres de religion qui s'allumèrent sous les successeurs de ce *Père du peuple*, ramenèrent le désordre et la barbarie, et lorsque Henri IV fut devenu possesseur du trône, il eut à rétablir les fontaines et les aqueducs ruinés par les émeutes ou par incurie (1).

L'utilité des eaux de Belleville fut donc mise à profit dès les premiers temps où ce lieu fut habité. Mais le canal pour les conduire, construit alors par les moines, n'ayant pu résister à l'injure des siècles, sa restauration fut entreprise et constatée par les deux inscriptions suivantes, l'une du XVe siècle, et l'autre du XVIe siècle, insérées dans *l'Histoire de la ville de Paris*, par D. D. Félibien et Lobineau (2).

> Entre les mois (bien me remembre)
> De may et celui de novembre,
> Cinquante-sept mil quatre cents,
> Qu'estoit lors prevost des marchands

(1) Toute cette disposition des eaux de Belleville est sur le point de subir d'immenses modifications par la dérivation des sources de la Dhuis et du Surmelin, dans un réservoir construit à Ménilmontant, dont le plan d'eau sera tenu à 108 mètres au-dessus du niveau de la mer. Deux conduites maîtresses partiront de ce réservoir : l'une montera jusqu'au réservoir de Belleville, pour y jeter au besoin un supplément d'alimentation au moyen d'une machine à vapeur ; l'autre suivra la route de Ménilmontant, jusqu'aux anciens boulevarts extérieurs.

(2) Tome II, livre XXV, pages 1298 et 99. — Les eaux de Belleville et des Prés-Saint-Gervais, rebelles à toutes blanchisseries, ont fait donner à la principale fontaine par laquelle elles sont versées dans Paris le nom caractéristique de fontaine *Maubuée* (mauvaise lessive). Dans le célèbre récit des fêtes qui eurent lieu lors de l'entrée d'Isabeau de Bavière à Paris, il est dit que es fontaines versaient de l'hypocras ; on y désigne entre autres celle de la rue Maubuée.

De Paris, honorable homme
Maistre Mathieu, qui, en somme
Estoit surnommé de Nanterre,
Et que Galic maistre Pierre,
Sire Philippe aussi l'Allemant,
Le bien public fort aimant :
Sire Michel, qui en surnom
Avoit d'une granche le nom
Et sire Jacques de Hacqueville.
Le bien désirant de la ville,
Estoient d'icelle Eschevins,
Firent trop plus de quatre vingts
Et seize toises de cette œuvre
Refaire en brief temps et heure.
Car si briefvement on ne l'eust fait
La fontaine tarie estoit.

Cette inscription était placée à l'intérieur de l'aqueduc, où elle est probablement encore, ainsi que celle-ci :

« L'an 1613, M. Gaston de Grieu, sieur de S. Aubin, conseiller du Roy en sa Cour de parlement, Prevost; Nicolas Poussepin, sieur de Beloir, conseiller du Roy au Chastelet ; Jean Fontaine, maistre des œuvres et bastiments du Roy ; Robert des Prez, sieur de Clamar, advocat au parlement ; Claude Mirault de la Fossée, conseiller du Roy, auditeur en la Chambre des comptes, Eschevins. Ce grand regard a esté parachevé ; lequel fut commencé du temps de Messire Estienne de Neuilly, lors Prevost, Jean Poussepin, Denis Memyneau, Antoine Huost, et Jean de Laisné, Eschevins, 1583. »

Un couvent du tiers-ordre de Saint-François, fut fondé

à Belleville, sous le titre de Notre-Dame-de-Miséricorde, par Jean Bordier, argentier (1) de la petite écurie du roi Louis XIII, et par Marie Bricard, son épouse, suivant acte du 10 octobre 1638. Ils affectèrent à cette pieuse fondation la maison qu'ils possédaient à Belleville, et sur l'emplacement de laquelle fut bâti le couvent; puis une autre maison qu'ils possédaient aussi à Paris, rue Chapon. Jean-François de Gondi, premier archevêque de Paris, permit le 30 juillet 1649, à huit religieux, tant prêtres qu'autres, de s'y établir, sous la condition de ne point quêter, de ne rien entreprendre contre les droits de l'église paroissiale ou succursale du lieu, et de ne point prêcher à la même heure. Dans les lettres de concession, l'archevêque appelle ce village *Belleville-sur-Sablon*. La chapelle de ce couvent, supprimée en 1790, n'avait rien de remarquable que les statues de saint Denis et de sainte Marguerite, placées au-dessus de l'autel (2).

Ne pouvant entrer ici dans aucuns détails topographiques, statistiques et administratifs, nous renvoyons, pour ces matières, à l'*Annuaire de Belleville et de Ménilmontant*, publié pour la première fois en 1853, par les soins de l'administration municipale du lieu, et nous

---

(1) Officier qui réglait les dépenses de cette section de la maison du roi.

(2) Le Maire, *Paris ancien et nouveau*, tome II, page 240. — D. Félib., *Hist. de Paris*, liv. XXIV, page 1253.

revenons à notre sujet archéologique, si intéressant au double point de vue de l'art et de la religion.

Le bâtiment de la vieille église, bâtie en 1635, était devenu depuis au moins trente ans insuffisant, à cause de l'augmentation rapide de la population, qui s'est accrue dans cette période de plus de 40,000 âmes, sans compter les nombreuses pensions et écoles qui, réunies, renferment plus de 2,000 enfants (1). Cette église, ou plutôt cette chapelle, aussi restreinte que peu digne. pouvait à peine contenir 200 à 300 fidèles, et il était douloureux de voir aux grandes solennités, et principalement aux premières communions, les parents, qui naturellement, sont si empressés, si satisfaits de se trouver près de leurs enfants, obligés de rester, la plupart sur le seuil du portail, exposés aux intempéries des saisons.

Aujourd'hui que cette vieille église, démolie en 1854, a complétement disparu, il n'est peut-être pas sans intérêt d'en donner ici une courte description ; il est juste du moins de constater que l'on avait tout fait pour en rendre l'usage supportable, ce qui du reste était fort nécessaire, car, dès 1820, à l'occasion de la réparation

---

(1) L'annexion, à Belleville, de quelques portions de territoire relevant de Pantin et de Bagnolet, avait déjà augmenté considérablement au XVIIe siècle, sa population, qui comptait alors, à Pâques, plus de 900 communiants. C'est ce qui motiva la construction de notre vieille église qui remplaça la chapelle primitive. Mais les curés des deux paroisses susdites avaient conservé quelques redevances avec leurs droits temporels.

urgente de la chapelle collatérale de Saint-Roch, qu menaçait de s'écrouler et d'entraîner la chute totale de l'édifice, le conseil municipal se plaignait déjà de l'insuffisance de l'église pour la population qui, pour citer les termes de sa délibération : « Aux grandes fêtes rompaient les barrières mises pour empêcher l'affluence, » et, à cette époque, il n'y avait encore à Belleville que 4 à 5,000 habitants.

L'ancienne église, dont le caractère dominant était celui d'une modeste église d'un grand village, et dont la destruction n'a pu inspirer aucun regret, sous le rapport de l'architecture et des autres arts, occupait une superficie d'environ 490 mètres y compris l'épaisseur des murs. Son plan avait la forme d'une croix, en haut de laquelle se trouvait le chœur, beaucoup trop grand pour la nef qui, elle-même, était trop large pour la hauteur et la largeur du bâtiment; elle manquait en outre de lumière. L'édifice tout à fait irrégulier, sans colonnes ni piliers, ne comprenait que trois autels : celui du chœur, placé dans une abside pentagonale, et ceux des deux chapelles latérales, dont il n'était pas facile de faire usage, parce que, des bas-côtés, on ne voyait pas officier. Il aurait fallu abattre une partie des murs pour laisser libre la vue du sanctuaire.

Le plan de cette église, en désaccord avec l'orientation symbolique prescrite par les constitutions apostoliques, se dirigeait du septentrion au midi, sans doute à cause de l'exiguïté du terrain, et de l'étroite circonscription du village, assis alors entièrement sur le sommet de la montagne. Deux bas-côtés inégaux, construits par adjonction, se terminaient par les deux chapelles susdites; et les fonts-baptismaux encombraient le bas-côté aboutissant à celle de ces chapelles qui était dédiée à la sainte Vierge.

Le bâtiment était construit en moellons et voûté en bardeaux, de telle sorte que les entraits et poinçons des fermes du comble s'y voyaient à nu. Néanmoins, en 1834, feu M. l'abbé Longbois, alors curé de Belleville, encouragé par quelques votes préparatoires, émanant de la fabrique et du conseil municipal, mais contristé par l'urgence de certains travaux et n'obéissant qu'à son zèle pastoral, entreprit, à l'aide de souscriptions des fidèles, des travaux assez importants, que le conseil municipal ne paraissait pas très-disposé à approuver, convaincu qu'il était de l'indispensable nécessité de démolir l'église, et d'en reconstruire une neuve.

Néanmoins, le ministre des cultes, instruit du triste état de l'église de Belleville, sanctionna ces travaux : c'est alors que les autels furent reconstruits en marbre blanc, donné par le ministre de l'intérieur. Le parquet du sanctuaire fut restauré, des statues y furent placées, et le maître-autel fut couronné d'une gloire. Dans les fenêtres ogivales, les vitraux blancs firent place à des verrières offrant des médaillons à figures, se détachant sur un fond blanc et encadrés de bordures fleuries. Les entraits de la voûte lambrissée, qui donnaient à cette église le triste aspect d'une grange, furent décorés d'ornements et de têtes d'animaux fantastiques, en carton-pierre, figurant pour les pièces transversales, les poutres angoulées, qu'on voit dans beaucoup d'églises en Bretagne. Les poinçons cantonnés de consoles se terminaient à la base par des têtes de chérubins, formant cul de lampe. Les quatre confessionnaux qui y existaient furent remplacés, ainsi que l'orgue et la chaire à prêcher.

Quant à la décoration, en fait de peintures, elle consistait en quelques tableaux sans valeur. Celui qui décorait le maître-autel, représentant *Saint Jean-Baptiste préchant dans le désert,* appartient encore à l'un des talents les plus faciles du XVIIe siècle; il a été peint en 1667, par Sébastien Bourdon, qui s'y est représenté en personne. Malheureusement ce tableau a été défiguré par les retouches les plus maladroites(1). Au-dessous du banc-d'œuvre, on voyait encore un tableau plus ancien, représentant le même sujet. Ces deux peintures étaient les seules présentant quelque intérêt.

Le clocher, porté sur un étage, avait été ajouté au corps de l'édifice, et soudé au côté est du chœur; c'était une base carrée rectiligne en maçonnerie et charpente hourdée, dépourvue de toute ornementation, avec des abat-sons inclinés sur les quatre faces, le tout

---

(1) Ce tableau est un présent fait à Saint-Merry, en 1667, par MM. Hugues de Sémonville et Aubert, marguilliers de cette église. Il fut donné plus tard à celle de Belleville.

couvert d'un toit obtus, en ardoises, à quatre pentes et amorti par une croix de fer. L'abbé Lebeuf a présumé que le peu d'élévation de ce clocher provenait de ce que la situation du village sur une éminence n'avait pas permis de l'exhausser davantage; or, les hautes flèches de la nouvelle église démontrent évidemment l'inanité de cette supposition.

Enfin, l'unique entrée de la vieille église, ouvrant dans l'axe du chœur, avait pour façade un petit portail néo-grec, cantonné de pilastres et amorti par un fronton triangulaire surbaissé. L'arc en plein-cintre de la porte à deux vantaux donnait accès dans un vestibule ménagé sous le buffet d'orgues. Après la cessation du culte, en 1793, et pendant la Terreur, cette vieille église servit aux assemblées populaires et aux fêtes nationales.

Par suite des immenses démolitions et des changements exécutés dans Paris depuis 1853, la population du centre s'est répandue dans les faubourgs et lieux circonvoisins. Mais Belleville, comme certaines autres localités de la banlieue, avait déjà, bien avant l'annexion reçu de tels développements que l'on dut se préoccuper d'en agrandir ou d'en augmenter les établissements communaux. C'est pour ce motif qu'en 1833, feu M. l'abbé Longbois fit ériger sous le vocable de *Notre-Dame de la Croix*, une chapelle *vicariale*, desservie par les vicaires de Belleville. Cette chapelle ne fut érigée en église paroissiale qu'en 1846 ou 1847. M. l'abbé Depille, mort récemment curé de Saint-Ferdinand des

Ternes, en fut le premier curé. A ce pauvre édifice, étroit et sans art, succédera bientôt une église monumentale, construite aux frais de la ville, et dont la construction a été commencée en 1863 : magnifique monument destiné à embellir ce nouveau quartier de Paris. Ce n'était donc pas sans une judicieuse raison, qu'en 1854, M. Hausmann, Préfet de la Seine, disait : « Née d'hier, Belleville est aujourd'hui plus considérable que beaucoup de chefs-lieux de département de de deuxième ordre, » et que le maire, M. Pommier, proclamait sa commune « la treizième ville de France (1). »

Le conseil municipal de Belleville abordait souvent la question de réparation de l'église, mais toujours il reconnaissait qu'on ne pourrait entreprendre qu'un replâtrage provisoire. Néanmoins, de 1834 à 1850, il fit exécuter des travaux d'entretien, la réparation du clocher, la construction d'une sacristie, et d'une chapelle pour les catéchismes. En 1835, le redressement, la consolidation et le décor de la façade furent exécutés, afin d'en harmoniser le portail ; et dans la même année on détruisit une rangée d'arbres qui était devant l'église.

Dans sa session de février 1841, le conseil municipal reprit l'examen d'un plan général préparé en 1824 par M. Guénepin, architecte du département, pour l'alignement de la place de l'église. Il fut arrêté que ce plan

---

(1) Discours prononcés lors de la bénédiction et de la pose de a première pierre de la nouvelle église le 24 juin 1854.

serait soumis à une enquête ayant pour but la déclaration d'utilité publique. Ce plan, modifié plus tard, fut définitivement remplacé par celui qui s'exécuta de 1853 à 1854, et qui consistait dans l'acquisition des propriétés voisines, nécessaires à la création d'une place plus convenable, et assez vaste pour recevoir la construction d'une église neuve, évaluée à 900,000 francs.

En 1846 on installa en face de l'église, dans les bâtiments de l'ancien et célèbre restaurant, connu sous le nom de l'*Ile d'amour*, les bureaux de la mairie: heureuse transformation, qui en débarrassant l'asile de la prière d'un voisinage hétérogène, fréquenté par des petits bourgeois, des petits boutiquiers et surtout des commis de magasins de toute espèce, qui y allaient boire, manger et se divertir aux jours de fêtes, fut généralement approuvée et inspira la verve poétique de quelques anthologistes qui la chantèrent dans des poésies légères. Mais cette mairie n'étant plus en harmonie avec la splendeur du nouveau Paris, dont Belleville fait maintenant partie, un nouvel édifice municipal, dans un style grandiose, devient d'une nécessité absolue.

Restait à décider la question de pourvoir à une dépense aussi importante que celle qu'allait nécessiter la construction de la nouvelle église. L'addition de taxes à l'octroi, qui ne se prélevaient précédemment que sur le vin et sur la viande, réunie aux 10 centimes extraordinaires déjà prélevés sur les quatre contributions directes, en fournit les ressources nécessaires à l'entreprise projetée. Le préfet accorda en outre une subvention de 50,000 francs, sur le fonds de réserve de l'octroi de banlieue.

L'administration municipale n'avait donc plus qu'à poursuivre l'exécution de son projet. La construction d'une église provisoire fut d'abord décidée, afin d'assurer le service du culte pendant la durée de l'érection de l'église neuve, estimée de trois à quatre ans. Du reste, le bâtiment de l'église provisoire, établi dans les jardins de la mairie, fut combiné, tant pour la solidité que pour la dépense, de façon que, dès que son usage cesserait, il pût être approprié, sans dépense nouvelle, à d'autres services communaux.

Le conseil considérant que l'église paroissiale est l'édifice le plus important, le plus populaire et le plus fréquenté d'une cité, et que celle existant à Belleville humiliait, en quelque sorte, par sa nullité architecturale, une population aisée et intelligente, arrêta que le nouveau temple serait construit dans un style religieux, dont la noblesse et la beauté sévère pût devenir dans la suite des temps, un témoignage permanent du goût esthétique des magistrats locaux et des sentiments pieux de la population.

Après s'être occupé de déterminer le style d'architecture qu'il convenait d'adopter pour la nouvelle église, le conseil prit le soin de visiter et d'examiner les différentes églises élevées dans les environs depuis quelques années Le résultat de cet examen fut le choix du style ogival, improprement appelé gothique (1), et il fut décidé que l'église neuve de Belleville devrait offrir un nouvel exemple de cette admirable architecture française à laquelle nous devons tant d'édifices qui font la gloire de notre pays.

Jean-Baptiste-Antoine Lassus, architecte du gouvernement, chargé des travaux de restauration de Notre-Dame de Paris, de la Sainte-Chapelle, de Notre-Dame de Chartres, et créateur de plusieurs édifices dans le style ogival, élevés sur différents points de la France, fut chargé de dresser les plans et devis de la nouvelle église de Belleville.

Ces plans et devis, dont le chiffre total montait à 900,000 francs, fut soumis au conseil municipal, qui les adopta entièrement, dans sa séance du 5 mars 1853; ils furent ensuite transmis au sous-préfet de l'arrondissement de Saint-Denis, puis au préfet de la Seine, qui les arrêta et approuva définitivement, le 3 février 1854,

---

(1) Palladio et quelques autres écrivains de son pays et de son temps appellent l'architecture à ogives *gottica*, *gottica tedesca*. Dans la pensée de Palladio, qui était lui-même architecte, *gothique* était un terme de mépris, à peu près synonyme de *barbare*; mais plus tard cette expression fut prise à la lettre et on supposa que l'architecture du moyen âge venait des Goths; cette opinion insoutenable est maintenant abandonnée. Cependant le mot de *gothique* a subsisté et on s'en sert constamment; mais comme il implique une idée fausse, malgré sa popularité, nous lui préférons l'expression d'*ogival*, qui ne prête guère aux objections. (Ad. Berty. *Dict. de l'Archit.*, page 179.)

à la seule condition de porter à 12 mètres la largeur des rues à établir au pourtour de l'église.

Dans sa réunion du dimanche de Quasimodo, 3 avril 1853, le conseil de fabrique de la paroisse de Belleville approuva aussi, à l'unanimité, le programme de cette église, mais en regrettant que l'état de ses ressources ne lui permît de concourir à la dépense totale que pour la somme de 10,000 francs, qu'elle consacrait exclusivement au remplacement de l'orgue de la vieille église, par un instrument en rapport avec la grandeur et la beauté du nouvel édifice.

La pensée principale dont Lassus était pénétré fut l'unité du style dans l'ordonnance générale de sa construction. L'idée dominante de son plan esthétique a été de reproduire sans servilisme, en la respectant dans ses plus minutieux détails, la synthèse, si ingénieuse et si géométralement raisonnée de l'architecture ogivale primitive du XIIIe siècle ; art modèle de l'époque de Philippe-Auguste à Saint-Louis, et qui offre tant de supériorité sur le style des siècles postérieurs.

Lassus n'a point perdu de vue, que le symbolisme doit toujours être admis, autant que possible, dans la construction de l'église matérielle, comme il existe dans les objets et les cérémonies du culte divin. Ainsi, en se basant sur des rapprochements mystiques et sur la richesse de son génie studieux, il a créé un édifice, ou l'art célébrera à jamais la gloire du Dieu auquel il est consacré. Rien de plus noble et de plus simple dans ses détails que l'église neuve de Belleville : aussi, rien n'est plus imposant et ne prête plus à de pieuses allusions, que son aspect à première vue. Placée sur la cime d'un plateau élevé, dans une situation exceptionnelle, dressant vers le ciel deux flèches élégantes, embellies de sculptures qui sont empreintes d'un profond sentiment religieux, elle mérite l'attention des amis des arts et notamment de l'art chrétien. L'appareil et la coupe des pierres, les profils des murs, l'ordonnance des façades, les sculptures extérieures et intérieures, déposent en faveur du goût parfait, des connaissances techniques et et pratiques dont ont fait preuve les artistes et constructeurs qui, sous l'habile direction de Lassus, exécutèrent les travaux de cette œuvre monumentale.

L'église nouvelle est construite sur l'emplacement de l'ancienne; mais il fut nécessaire de faire l'application de la loi d'expropriation pour obtenir les terrains destinés à son agrandissement. Or, la forme du terrain déterminé, était celle d'un parallélogramme de 20 mètres 50 centimètres de largeur, sur 70 mètres de longueur.

Un défaut commun à bien des églises de création récente, c'est qu'elles ne sont pas orientées (1). Or,

---

(1) Les païens dirigeaient leurs temples vers l'orient. C'est une des règles positives rappelées par Vitruve, en ce qui concerne la théurgie idolâtrique. Dans les premiers temps du christianisme, afin de ne pas heurter brusquement les usages des païens nouvellement convertis à l'Évangile, on crut pouvoir adopter, jusqu'à un certain point, quelques-uns de leurs anciens usages. Or, en se tournant vers l'orient pour honorer le vrai Dieu,

l'Église de Belleville, bâtie sur l'emplacement de l'ancienne église et dans la même disposition qu'elle, est dans ce même cas, contraire aux antiques traditions de la symbolique chrétienne, suivant laquelle, le chevet de la plupart des églises des temps hiératiques, est placé vers l'orient, berceau du christianisme. Mais cette disposition anormale, dans le sens symbolique, provient de ce que la nouvelle église devant être forcément bâtie sur un terrain circonscrit dans des constructions que l'administration locale n'a pu, ou n'a pas voulu acquérir, l'architecte, malgré ses sympathies pour la synthèse mystique, a dû céder aux nécessités des intérêts et de la voirie. Car il est certain que si Lassus eût eu sa liberté d'action, il eût regardé comme une infraction à l'esthétique de ne pas orienter son église du couchant au levant, disposition, qui en donnant à l'édifice, vu de Paris, un aspect plus imposant, aurait fait éviter de voir la façade s'élever en biais, et presque en bordure sur la rue. Puis, les effets de lumière à l'intérieur

---

le soleil de justice, on faisait heureusement prendre le change à ces nouveaux prosélytes de la croix. Les constitutions apostoliques, pour concilier ces antécédents, voulurent que le prêtre de la loi nouvelle offrît le sacrifice non sanglant la face tournée vers l'orient, d'où la lumière évangélique avait jailli pour illuminer l'occident. (L'abbé Pascal, *Institut. de l'art chrét.*, tome II, page 74.) Au reste, on a remarqué que souvent le chevet de l'église n'était pas tourné très-exactement vers l'orient, mais bien vers le point de l'horizon où se levait le soleil au jour de la fête du saint patron de l'église. (L'abbé J. Garciso. *Archéologie chrétienne*, page 49.)

auraient été plus radieusement mystiques, car l'abside aurait été éclairée par les rayons de l'aurore, les bras crucifères du transept auraient regardé le nord et le midi, puis la rose du portail aurait resplendi des rougeâtres clartés du soleil couchant.

L'exécution de la nouvelle église sur l'emplacement de l'ancienne ne fut pas sans rencontrer beaucoup de résistances; certains contradicteurs systématiques faisaient à cet égard des propositions irréfléchies; c'est ainsi qu'on avait proposé de la construire sur le terrain dit *des Envierges*, endroit isolé et sans abords convenables, et que les mêmes opposants émirent la singulière idée de l'établir à la place du théâtre, et de transformer ainsi l'édifice profane en une église qui se serait trouvée au milieu des guinguettes et des cabarets de la Courtille. Mais l'opinion publique opta pour que l'église fût réédifiée sur le terrain consacré par la prière des générations pendant plus de deux siècles.

Le 4 avril 1854 les travaux furent mis en adjudication publique, sauf ceux relatifs à la sculpture d'ornementation ou des figures, et à l'établissement du beffroi. Ces travaux exigeant des connaissances spéciales, l'administration pensa qu'ils devaient être réservés.

D'après une notice publiée, quelques mois après, par l'autorité municipale de Belleville (1) et où nous avons

---

(1) *Solennité de la bénédiction et de la pose de la première pierre de l'église neuve de Belleville.* Brochure in-8° de 24 pages. — Belleville, imprimerie de Galban, 1854.

puisé quelques précieux renseignements, mentionnés ici, puis aussi, d'après des notes que nous avons recueillies à l'agence des travaux, il résulte que les mises à prix furent ainsi fixées, conformément aux devis approuvés :

	f.	c.
1° Terrasse et maçonnerie	663,251	11
2° Charpente	79,461	71
3° Serrurerie	17,920	»
4° Couverture et plomberie	27,508	91
5° Menuiserie	4,165	51
6° Peinture	330	25
7° Vitrerie	3,516	17
Total des devis	796,153	66

L'adjudication produisit les rabais suivants :

	f.	c.
Sur la terrasse et la maçonnerie (M. Pinot, adjre).	34,887	»
Charpente (M. Nicolas)	1,589	23
Serrurerie (M. Roy)	627	20
Couverture et plomberie (M. Durand)	1,147	12
Menuiserie (M. Patrice)	62	45
Peinture (M. Lemelle)	33	02
Vitrerie (M. Brain)	465	89
Ce qui porta l'économie sur la dépense à	38,911	91
Et en ramena le chiffre total à	757,341	75
A quoi il fallut ajouter pour la balance, le montant des travaux d'art, retranchés de l'adjudication, à cause de leur spécialité	103,848	34
Ainsi, il resta pour total général de la construction.	861,190	09

Toutes les formalités étant accomplies, et le procès-verbal d'adjudication ayant été ratifié par l'autorité supérieure, l'architecte Lassus procéda de suite à la plantation de l'édifice, puis il fit commencer les fouilles pour reconnaître le bon sol. La profondeur prévue à 1 mètre 50 centimètres, ne fut pas même atteinte sur plusieurs points, et ne fut que fort peu dépassée sur d'autres. Les fouilles furent remplies de béton, et les fondations ayant été terminées vers le commencement de juin, on s'occupa dès lors des dispositions à prendre pour la bénédiction et la pose de la première pierre, cérémonie qui avait été fixée au samedi 24 juin, jour de la Nativité de saint Jean-Baptiste, patron de la paroisse, et de l'architecte, maître de l'OEuvre.

Jamais spectacle, à Belleville, n'avait peut-être plus honoré la religion que cette double cérémonie de la bénédiction de la première pierre par Monseigneur Sibour, archevêque de Paris, et de sa pose, par M. le baron Haussmann, préfet de la Seine, en présence d'un nombreux clergé, de grands personnages, des autorités municipales, des confréries, des députations de corporations invitées, de la garde nationale et de toute la population.

Il serait trop long de donner ici le texte des trois discours prononcés, par Mgr l'archevêque, le préfet et le maire; nous nous bornerons à transcrire ci-après, comme pièce historique, le procès-verbal officiel de cette solennité.

Après avoir béni la croix de bois plantée la veille, suivant les prescriptions liturgiques, sur l'emplacement du maître-autel, l'archevêque, accompagné du clergé et suivi des autorités civiles et militaires, se dirigea vers la première pierre, et prononça les prières préliminaires d'usage. Il procéda ensuite à la bénédiction; prenant le marteau de fer des mains de l'architecte, il en frappa une croix sur chacune des faces de la pierre, après quoi on chanta les litanies des saints. On prépara le mortier pour le scellement, et monseigneur imposa les mains sur la pierre. Le préfet s'avança alors pour recevoir des mains de l'architecte le niveau et la règle, à l'aide desquels il vérifia l'exactitude de la pose. Et après cette opération, l'architecte présenta au préfet une boîte ouverte qui devait être placée dans la première pierre. Cette boîte, en cèdre, contenait les objets suivants:

1° Les différents types des monnaies d'or, d'argent et de bronze, frappées à l'effigie de l'Empereur, et au millésime de 1854, y compris la pièce de 5 fr., qui était la première épreuve frappée par ordre exprès de Sa Majesté.

2° La médaille d'argent, grand module, gravée pour la cérémonie, et représentant, d'un côté, le plan en élévation de l'église; de l'autre, le portrait de l'Empereur, et les noms des personnes concourant à la cérémonie par leur caractère officiel.

3° Deux autres médailles en bronze, également gravées par M. Montagny, et représentant, l'une, saint Jean-Baptiste, patron de l'église, l'autre, la Sainte-Vierge.

4° Une plaque de plomb, sur laquelle sont gravés les

noms des membres du Conseil de fabrique, ceux de l'architecte et des agents des travaux; puis, les noms des entrepreneurs adjudicataires.

5° Et enfin, le procès-verbal suivant écrit sur parchemin :

VILLE DE BELLEVILLE.   DÉPARTEMENT DE LA SEINE.
ÉGLISE NEUVE DE SAINT-JEAN-BAPTISTE.

« L'an de grâce mil huit cent cinquante-quatre, le samedi vingt-quatre juin, anniversaire de la fête du saint, patron de l'église, à cinq heures de relevée, et sous le règne de Sa Majesté Napoléon III, Empereur des Français, la première pierre de cette église a été bénite par monseigneur Sibour, archevêque de Paris, et posée par M. le baron Haussmann, préfet du département de la Seine, commandeur de la Légion-d'honneur;

» Etant ministre de l'Intérieur, S. Ex. le comte Fialin de Persigny, commandeur de la Légion-d'honneur, sénateur;

» Et S. Ex. M. Fortoul, sénateur, ministre de l'Instruction publique et des cultes, commandeur de la Légion-d'honneur;

» En présence de M. le maréchal Magnan, grand'-croix de la Légion-d'honneur, commandant la 1ʳᵉ division militaire et l'armée de Paris, sénateur;

» De M. le général, marquis de Lawœstine, grand'-croix de la Légion-d'honneur, commandant supérieur des gardes nationales de la Seine, sénateur;

» De M. le général Courand, commandeur de la Légion-d'honneur, commandant la place de Paris;

» De M. Ch. Merruau, chevalier de la Légion-d'honneur, secrétaire-général de la préfecture de la Seine;

» De M. le marquis de Boisthiery, chevalier de la Légion-d'honneur, sous-préfet de l'arrondissement de Saint-Denis;

» De M. Kœnigswarter, chevalier de la Légion-d'honneur, du Lion Zehringen, commaudeur de l'ordre d'Isabelle-la-Catholique, membre du Corps législatif, nommé par l'arrondissement de Saint-Denis;

» De M. l'abbé Longbois, curé de l'église et paroisse de Belleville;

» De M. l'abbé Depille, curé de la paroisse de Notre-Dame de la Croix, à Ménilmontant;

» Et de MM. les membres du Conseil de fabrique de la paroisse de Saint-Jean-Baptiste;

» Savoir: MM. Cléry, président; Rouveau, Mouny, Delafilolie, Vaudin, lieutenant-colonel; Lécurel d'Escoraux, officier de la Légion-d'honneur; de Meaux, Eudel et Adam.

» De M. Pommier, chevalier de la Légion-d'honneur, maire de la ville de Belleville;

» De MM. Dénoyez, Mouillard, chevalier de la Légion-d'honneur, et Mignard, chevalier de la Légion-d'honneur, adjoints;

» Et de MM. Anroux; Bauve, chevalier de la

Légion-d'honneur; Bellemant, Brossard, Bunel, Chabouillé, Chabrol, Cléry, Coré, Delouvain, Devilliers Diolot, Dupont, Durand; Gard, chevalier de la Légion-d'honneur; Lambert, Godefroy, Gillon, Le Boucher, Loiseau, Marrel, Montéage, Micol, Rouveau, Thibault, Tricas, Varenne, Verdier et Vincent, membres du Conseil municipal;

» Et de M. Lassus, chevalier de la Légion-d'honneur, architecte du monument.

» Ensuite est écrit :

» Cette église a été édifiée sur l'emplacement d'une chapelle bâtie en l'an 1635, ainsi que le constate une pierre portant l'inscription suivante :

» Ceste première pierre
» a esté pozée
» par Me Charles de
» Hillerin, docteur
» en théologie, curé
» et chevecier de S^t
» Mederic a Paris le IIIe
» jo^r de Jvillet 1635. »

» La population de Belleville n'était en 1817, que de 2,876 habitants; en 1851, lors du dernier dénombrement officiel, elle s'élevait à 34,730.

» La chapelle ancienne était devenue insuffisante pour les besoins du culte. Le Conseil municipal, par délibération du 5 mars 1853, a voté la construction d'une nouvelle et plus vaste église, dont le projet dressé par M. Lassus, architecte, a été approuvé par M. le préfet de la Seine, le 3 février 1854. La dépense pour les travaux est évaluée à 900,000 fr.

» Belleville, les jour, mois et an ci-dessus. »

Pendant tout le jour M. le maire tint ouvert ce procès-verbal, et invita les notables habitants du pays à venir le signer, ce qu'ils firent avec empressement, en remerciant le digne magistrat de cette louable attention.

Les dernières signatures ayant été apposées pendant le chant des litanies des saints, le procès-verbal remis par M. le maire à M. le préfet, fut placé par ce magistrat dans la boîte de cèdre et recouvert d'une plaque de plomb; puis, la boîte ayant été fermée, M. le préfet l'introduisit dans un fourreau de plomb, dont le couvercle fut immédiatement soudé, et ensuite M. le préfet déposa le tout dans la cavité taillée dans la pierre.

Cette partie de la cérémonie s'accomplit au bruit de la musique militaire, des tambours de la garde nationale, battant aux champs et des boîtes d'artifice. Ensuite l'architecte, après avoir fait mouiller le lit de la pierre, prit du mortier dans une petite auge en ébène, tenue par l'entrepreneur de la construction, et présenta la truelle à M. le préfet d'abord, qui lança ce mortier, et successivement à monseigneur l'archevêque et à toutes les personnes indiquées par le programme de la cérémonie.

La première pierre ayant été démasquée, la deuxième pierre suspendue à la chèvre, au-dessus de la première, fut majestueusement descendue, au milieu de l'attention générale, au bruit des fanfares, après quoi l'architecte donna l'ordre de la ficher en mortier. C'est à ce moment qu'eut lieu l'aspersion de l'eau bénite, l'imposition de l'antienne *Surgens Jacob*, et le chant du psaume *Nisi dominus ædificaverit domum*, pendant lequel monseigneur l'archevêque fit le tour des fondations en les bénissant.

Avant le chant du *Domine Salvum*, le vénérable prélat, voulant encore adresser la parole aux assistants qui, trop éloignés, n'avaient pu l'entendre la première fois, il monta sans hésiter, sa crosse à la main, sur la pierre qui venait d'être scellée, et improvisa un discours plein de force et d'à-propos, en prenant pour texte : « Jésus-Christ est la pierre angulaire de l'Église et de la société. »

La cérémonie étant terminée, le cortége reprenant le même ordre qu'au départ, se rendit à la mairie, où un magnifique banquet avait été préparé par les soins du Conseil municipal. Pendant toute la durée du repas, la musique militaire exécuta des symphonies sous le balcon de la salle du festin. Un toast porté à la fin, par M. le préfet, à LL. MM. l'Empereur et l'Impératrice, fut accueilli avec enthousiasme, et l'on se sépara ensuite.

Dès le lendemain les travaux de construction de l'église marchèrent rapidement, sous la direction de M. Lassus. Dans l'espace de trois ans la grosse œuvre fut achevée. Mais, au moment où l'architecte n'avait plus guère à s'occuper que de l'ornementation et allait jouir de l'un de ses plus beaux succès esthétiques, il décéda à Vichy, à peine âgé de 50 ans, par suite d'une hémorragie interne, le 15 juillet 1859. Monseigneur le cardinal Morlot, de vénérable mémoire, archevêque de Paris, qui, au besoin, prenait volontiers la parole au nom des douleurs publiques, demanda par écrit le consentement de l'autorité compétente, afin que les précieux restes de cet illustre maître fussent ensevelis dans le nouveau sanctuaire de Belleville, dû à la science du défunt. Mais la demande de l'illustre prélat, quoique demeurée sans succès, restera comme un fleuron glorieux à ajouter à la couronne du regrettable artiste (1).

Quand Lassus mourut, le bâtiment de l'église de Belleville était monté et couvert, et les flèches terminées. Les sculptures intérieures, en pierre et en bois, en cours d'exécution depuis déjà longtemps, avaient été commencées par Perrey, artiste connu déjà par la part qu'il prit à l'ornementation du Louvre, des églises de Sainte-Clotilde et de Saint-Germain-des-Prés, et par Pyanet, sculpteur non moins célèbre.

Il restait à faire les sculptures extérieures, à vitrer les fenêtres, à poser les dallages, la serrurerie, les bénitiers, les autels, les confessionnaux, les grilles, et à organiser la sonnerie. Ce fut un élève du regrettable architecte Lassus, M. Truchy, qui fut appelé à le remplacer, et il s'occupa activement de l'exécution et du placement de toutes ces choses.

(1) Voir les deux articles nécrologiques et biographiques que nous avons publiés sur Lassus dans les *Annales de la Charité*, numéros d'août 1857 et de mars 1858.

L'église fut donc bientôt assez avancée pour qu'on pût la livrer au culte. Aussi le jeudi 11 août 1859, la population de Belleville était de nouveau en fête. Son église neuve fut solennellement consacrée par Son Éminence Monseigneur le cardinal Morlot, archevêque de Paris, assisté de ses archidiacres, du clergé local et des environs ; puis en présence des dignitaires, fonctionnaires et autres personnages invités. Elle fut dédiée, comme l'était la vieille église qu'elle remplace, sous le vocable de Saint-Jean-Baptiste, l'auguste précurseur du Messie, dont la fête tombant au solstice d'été, se célébrait anciennement à Belleville avec une allégresse toute populaire, par allusion à ce texte évangélique : « *Multi in nativitate gaudebunt* (1). »

Après les diverses cérémonies de la consécration, Monseigneur célébra la messe, qui fut chantée avec pompe ; il parla ensuite, et ses paroles émurent ses nombreux auditeurs. La cérémonie dura cinq heures, et la fête finit au milieu des plus vives et des plus

---

(1) Le jour de la fête patronale, ou le dimanche suivant, le curé de Saint-Merry venait célébrer l'office à Belleville, en signe de primauté, car le desservant de ce village était à la collation du chapitre de cette collégiale. Aujourd'hui cette fête est toute intérieure pour la solennité religieuse, mais dans la ville elle se manifestait par des réjouissances foraines très-fréquentées par le peuple parisien, et qui duraient quinze jours.

La Fête-Dieu et ses processions se faisaient aussi autrefois à Belleville avec une pompe toute particulière à ce village, alors pittoresque et fleuri.

respectueuses manifestations adressées par les autorités au vénérable prélat.

Il nous reste maintenant, pour faire juger la valeur architecturale de cette nouvelle église, destinée à embellir la ville de Belleville, aujourd'hui annexée à Paris, d'en faire ici la description.

Cet édifice se distingue par un caractère de gravité, de simplicité et de force remarquable. Ses fondations, faites avec soin, reposent sur un blocage noyé dans un mortier très-solide, et ce blocage est établi sur le tuf. La première assise au-dessus des fondations, arrivant au-dessus du sol, se compose de larges et belles pierres de roche et de vergelé, du bassin de Paris, de Bagneux et de Saint-Maximin, près de Senlis.

Le mode qui a été adopté pour la construction de cette église, diffère essentiellement de celui généralement suivi. On a pris pour règle l'emploi judicieux et raisonné des matériaux. Ainsi, loin de prodiguer la pierre là où elle était inutile, elle a été exclusivement réservée aux soubassements, aux points d'appui, aux arcs, corniches, etc. Toutes les autres parties de la construction se composent d'une simple maçonnerie en moellon piqué et jointoyé à l'extérieur, brute à l'intérieur, et revêtue d'un enduit de plâtre.

Les voûtes, qui devraient être construites en moellons repiqués, sont tout uniment en blocage de cailloux et de plâtre, à l'exception de la voûte, qui supporte la masse et le balcon au-dessus de l'orgue entre les flèches, et celle qui soutient la tribune de l'orgue. Néanmoins, elles paraissent très-solides, unissent la hardiesse à la grâce, elles sont ogivales et formées de voûtes partielles, dont les bases reposent sur des arceaux ou nervures à trois tores, se réunissant à une rosace qu'on appelle clef. Ces nervures saillantes retombent sur les trois colonnettes fasciculées qui accompagnent les piliers. Les deux colonnettes latérales, plus courtes que celles du centre, s'appuient sur des têtes humaines, d'un bon effet pour certains amateurs et critiquées par d'autres. La pureté des lignes et leurs heureuses dispositions sont relevées par ces simples ornements, dont la beauté sera toujours remarquée ainsi que l'harmonie de l'ensemble, choses sur lesquelles nous reviendrons plus loin, n'étant encore ici que dans les détails pratiques de construction.

Les points d'appuis des tours et de la façade de l'église de Belleville sont montés en roche jusqu'à la première corniche, ainsi que les ébrasements de la porte centrale et ceux des portes sous les deux tours. La première corniche, entre les contreforts sur les trois façades, est en pierre de banc royal de Méry; les surplus, au-dessus de la porte centrale, en vergelé. La grande rose de la façade est également en pierre de Méry, et la corniche du couronnement des tours, ainsi que la façade principale, en vergelé.

A l'intérieur de l'église, l'assise de base des piliers est en roche ordinaire de Bagneux; les fûts des piliers en roche jusque sous les chapiteaux, qui, eux-mêmes, sont en Marly-la-Ville, pierre très-fine et très-propice à la sculpture. Les colonnettes isolées groupées autour des piliers du chœur, sont en roche, et le dallage de l'église en carreaux de pierre de liais et de marbre, formant compartiments carrés, noirs et blancs.

La disposition générale de l'église, dans ses divisions, dans la distribution et l'ordonnance de ses diverses parties, est judicieusement raisonnée. Vue en élévation, cette église offre dans ses proportions et dans ses détails architectoniques un aspect imposant et un caractère mâle. Assise sur un des points culminants du nouveau Paris, on l'aperçoit de loin dans divers quartiers de cette capitale et de la banlieue. Elle produit sous certains horizons des effets inattendus par l'aspect subit de ses deux flèches jumelles, dont les croix de fer forgé, disposées de manière à servir de paratonnerre, se détachent dans l'espace en signe de triomphe e comme pour montrer aux fidèles le chemin du ciel. De la plateforme d'où s'élancent ces flèches, avec tant de majesté, la vue s'étend vers un immense horizon ; on domine un des plus magnifiques points de vue que puisse enfanter l'imagination des touristes. On découvre à la fois l'immense capitale, les buttes de Saint-Chaumont, jadis d'une sauvagerie pittoresque, et qui bientôt seront transformées en promenades des plus accidentées ; puis le fort de Vincennes et les villages qui s'étendent le long de la Marne.

L'édifice, maintenant dégagé des vieilles constructions qui l'obstruaient, se développera sur deux rues latérales de 12 mètres de largeur chacune; mais il serait nécessaire qu'une vaste place fût créée devant la façade pour qu'on pût la voir en perspective, et en considérer l'ornementation à distance (1).

C'était, au moyen-âge, une sage coutume, de ne jamais reconstruire une église, sans conserver de l'édifice précédent, quelque vestige intéressant que l'on encastrait, d'une manière visible, dans la nouvelle construction. Il y avait dans cet usage un sentiment de la synthèse esthétique, qu'on devrait toujours pratiquer. Il eût donc été utile d'incruster, comme souvenir historique, sur l'un des murs et au lieu le plus apparent de l'église neuve de Belleville, la première pierre de l'ancienne chapelle dont l'inscription est transcrite ci-dessus.

Le plan géométral de cette église est un parallélogramme terminé par la chapelle de la Vierge, de forme carrée et oblongue. Elle est accompagnée de quatre chapelles absidiales, au centre desquelles se trouve le chœur.

Cette chapelle terminale, par sa dimension et sa forme, est regardée comme la partie la plus défectueuse de l'édifice. Elle est sombre. A droite et à gauche de l'entrée s'allongent deux murs blancs, dans chacun

(1) Voir la note au bas de la page suivante

desquels s'ouvrent, sous une arcature ogivale, une porte et une fenêtre pareilles à celles des maisons les plus vulgaires de notre époque. La moitié rectangulaire de cette chapelle s'inscrit dans une autre construction, aussi rectangulaire, disposée dans le sens transversal de l'axe et dans toute la largeur de l'église (1).

Il eût été à désirer qu'on imaginât une autre combinaison ; mais cet arrangement fut motivé par la nécessité de placer derrière l'abside deux sacristies, l'une pour le clergé et l'autre pour les clercs, chantres et autres officiers de l'église. Puis deux salles de catéchisme pour les enfants des deux sexes.

Ainsi, par cette disposition, un peu insolite, le plan général de l'édifice et de ses dépendances accessoires, forme un carré long où se trouvent deux cours, ménagées dans les parties pentagonales et rentrantes du chevet de l'église, pour le service extérieur des sacristies. De sorte que l'architecte est parvenu, par une combinaison plutôt commandée par la nécessité, qu'ingénieuse, à donner satisfaction aux besoins nouveaux des prêtres et des fidèles ; car, malgré son immutabilité dogmatique, le culte catholique a aujourd'hui ses exigences croissantes en ce qui concerne le cérémonial extérieur.

(1) Il est question de percer en face de l'église une large voie allant s'embrancher dans la nouvelle rue Puebla projetée. Une place serait également établie devant le grand portail. La mairie actuelle, située à l'extrême limite de l'arrondissement, serait démolie pour être reportée plus au centre.

Les deux sacristies régnant à droite et à gauche de la chapelle de la sainte Vierge sont éclairées chacune, mais faiblement, par trois fenêtres ogivales sans meneaux. Il semble que le savant Lassus se serait inspiré, dans leur disposition forcée, de ce qui existait anciennement dans les basiliques latines, converties en églises par les chrétiens (1).

L'élargissement que prend le vaisseau de l'église, entre le chœur et les nefs, donne au plan intérieur et aux combles, à l'extérieur, la forme crucifère, qui exprime par cette disposition architecturale que l'on nomme transept, l'auguste mystère de la rédemption.

La façade principale, pleine d'ampleur et d'harmonie, est particulièrement remarquable par le système pyramidal adopté dans son ordonnance. Considérée sérieusement dans son ensemble, elle attire plus l'attention des connaisseurs par la convenance de ses proportions que par la richesse de sa décoration, sobre de sculptures, ainsi que le comporte le style primitif du XIIIe siècle, adopté par le maître de l'œuvre. Cette façade, qui s'élève sur le plan noble et imposant de nos plus belles basiliques de cette époque hiératique, est divisée verticalement par quatre contreforts à larmiers,

---

(1) A droite et à gauche de la tribune de ces anciennes basiliques, il y avait deux petites salles, dont l'une, celle de gauche, était nommée : *Diaconicum minus*; elle servait de succursale à la grande sacristie, qu'on appelait : *Diaconicum majus*. Cette dernière ne faisait pas partie de la basilique. (A. Berty, *Dict. de l'Architect. du moyen âge.* p. 126. — Verb. *Diaconicon*.)

ou ressauts, se terminant à la base des flèches par des clochetons pyramidaux amortis de fleurons épanouis.

Suivant la donnée trinitaire adoptée dans ces âges de mysticisme et de foi, l'ordonnance horizontale de cette façade se compose, pour le bas, de trois baies d'entrée, percées en enfoncement sous des voussures profondes et ogivales, formées de tores et de moulures concentriques, retombant sur les chapiteaux feuillagés des colonnettes multiformes qui garnissent l'ébrasement des parois latérales.

Ces trois entrées correspondent à la nef principale et aux deux contre-nefs. On y accède par un perron de cinq marches, régnant sur toute la largeur du portail.

Anciennement la porte du centre était réservée aux processions et aux personnes royales seulement. Les hommes et les femmes placés séparément pendant les offices, entraient et sortaient par les portes latérales, du côté qui leur était affecté. Aux XIIIe et XIV[s] siècles, les hommes étaient placés du côté de l'épître et les femmes, du côté de l'évangile.

La porte du milieu, plus élevée que les deux collatérales, est séparée en deux baies par un trumeau de pierre, ornée de la statue du saint auquel l'église est dédiée. L'auguste Précurseur est coiffé du nimbe et abrité par un dais gothique. Il est recouvert d'un manteau en poil de chameau, comme il convient à un homme qui, vivant dans le désert, n'avait d'autre nourriture que du miel sauvage et des sauterelles. Il tient un disque, où figure l'agneau mystique, symbole du Christ immolé pour nous sauver; et la croix triomphale d'où flotte la banderole caractéristique portant les mots : *Agnus Dei*. Les pieds de saint Jean reposent sur un monstre de l'espèce du loup, qui se contourne en regardant le bienheureux. C'est l'emblème de Satan vaincu par la grâce du baptême qui nous fait enfants de Dieu (1).

Les sujets du tympan sont le développement de la vie de saint Jean-Baptiste. Ils commencent par le bas, suivant l'ordre de l'iconographie. 1° L'Ange annonce à Zacharie la naissance d'un fils. 2° La Vierge Marie rend visite à sainte Élisabeth (Visitation). 3° La naissance de saint Jean-Baptiste. 4° Saint Jean-Baptiste prêchant dans le désert. 5° Le baptême de Notre Seigneur Jésus-Christ. 6° Saint Jean-Baptiste apostrophant le roi Hérode 7° Décollation de saint Jean-Baptiste. 8° Hérodias présentant la tête de saint Jean-Baptiste à Hérodiade. Toute la scène est dominée par Dieu le Père,

---

(1) Au point de vue de la synthèse et de la symbolique, cette statue de saint Jean-Baptiste, placée sur le trumeau central du grand portail, prête un peu à la critique. Bien qu'elle soit la statue patronale, elle occupe à tort la place de N. S., qui, dans le sens mystique, est la porte : *Ego sum ostium*, nous dit-il. Le saint Précurseur, tel qu'il est représenté ici, offre tout à fait le type de N. S. Retranchez le poil de chameau, le disque avec l'*Agnus Dei*, tout le reste : figure, pose, le monstre sous les pieds, rappellent les figures de N. S. qu'on voit sur les trumeaux d'un grand nombre de nos églises de style ogival, en particulier de Notre-Dame-de-Paris.

assis sur un trône entre deux anges qui l'encensent, il bénit de la main droite, et tient dans la gauche le globe du monde.

Sur la porte à gauche, en regardant la façade, est représenté Isaïe, le premier des grands prophètes; puis Malachie, le dernier en date de ceux qui sont considérés comme de second ordre, prophétisant tous deux la venue du Précurseur, qui est représenté à la suite de ces prophètes avec son costume rustique, tenant la croix pour préparer la voie du Seigneur. A côté d'Isaïe se trouve placé un ange qui purifie les lèvres du prophète avec un charbon ardent, qu'il tient avec une pince et qu'il vient de prendre sur l'autel. D'après le texte sacré ce fut par cette cérémonie symbolique que les péchés d'Isaïe furent effacés avant qu'il commençât à prophétiser. Malachie tient une coupe en mémoire de l'Eucharistie qu'il a prédite. Au-dessus, le Christ accompagné des anges, bénit les prophètes (1).

Sur la porte à droite est représenté la descente aux limbes, où étaient les âmes des justes de l'ancien Testament avant la venue de Jésus-Christ, et où vont

---

(1) Isaïe, appuyé sur une scie rappelant le genre de mort qu'il a souffert, et Malachie ont été choisis pour figurer dans ce tympan de préférence à d'autres prophètes, principalement parce qu'en annonçant la venue du Messie, ils prophétisent également celle de saint Jean-Baptiste son saint Précurseur. « Voici que j'envoie mon Ange devant vous » dit le prophète Malachie.

celles des enfants morts sans baptême. Saint Jean-Baptiste ayant annoncé l'avénement du Christ qui devait retirer des limbes les âmes des justes, est là, qui semble parler à un personnage sorti des limbes et lui dire : « Voyez, que ce que je vous ai annoncé arrive. » Le Christ dans les limbes tend les mains à Adam et à Ève pour les en retirer. Les limbes étant représentées par un château fort, le démon sort de la tour, furieux de ce qu'il voit.

Au-dessus est représentée la glorieuse béatitude de saint Jean-Baptiste. Assis, jouissant des biens du ciel, il est entre deux anges, dont l'un porte une chaîne, signe de sa captivité, et l'autre tient l'épée, instrument de son supplice.

Entre les contreforts de la façade, au-dessus des trois entrées, règne une arcature en claire voie, composée de seize travées ogivales et reposant sur une corniche à larges feuilles entablées. L'étage au-dessus comprend aussi entre les contreforts dans les espaces latéraux de hautes ogives feintes et géminées, percées dans leur champ d'une étroite ouverture, pour éclairer à l'intérieur l'étage inférieur des tours. Puis, au centre, sous un arc ogive, dont les tores curvilignes retombent sur les chapiteaux fleuris de colonnettes fasciculées, est inscrite la fenêtre rose, qui est le gracieux oculus de l'édifice. Cette rose divisée en vingt compartiments, est remarquable par la régularité des lignes géométrales de ses meneaux, qui sont de sveltes colonnettes

avec bases et chapiteaux, lesquelles de la rosace poly-
lobée du centre, rayonnent dans la circonférence,
comme les jantes d'une roue, et se relient entre elles
par des arcs trilobés.

Sur les côtés de la façade et au-dessus de cette ordonnance ourlée d'une riche corniche feuillagée, formant bordure, s'élèvent les deux tours, séparées par
le pignon central, auquel vient s'appuyer à l'intérieur
la charpente en chêne de Bourgogne du grand comble.
Ces tours sont percées de hautes baies ogivales en lancettes géminées, d'un galbe fin et délicat, ornées de
têtes humaines et saillantes, à la retombée des archivoltes et au point médial de leur intersection.

Entre les tableaux ornés de colonnettes, de ces baies
géminées, apparaissent les abat-sons, inclinés du de-
dans au dehors, qui, en abritant la charpente du beffroi
qui soutient les cloches, renvoient leur son en bas.

Ces deux tours sont, chacune, surmontées d'une
flèche octogonale, du genre de celles qu'on admire en
Normandie, en Bretagne et en Angleterre. Leur caractère délié et élégant exprime le plus haut degré de lé-
gèreté et d'élévation auquel peut être porté ce genre
de construction pyramidale, sans que le système des
proportions soit faussé, et sans qu'il en résulte une apparence de maigreur ou de délicatesse outrée. « D'ordinaire, a dit un publiciste archéologue en parlant de
l'église neuve de Belleville, d'ordinaire les flèches
semblent séparées des tours sur lesquelles elles s'élèvent,

et la séparation est le plus souvent marquée par des balustrades, tandis qu'à Belleville, l'assouchement de la flèche sort de la tour d'une manière si simple, si naturelle, qu'il est difficile de saisir le passage de la forme carrée des tours, à la forme octogonale des flèches (1). »

A la base de chaque face des flèches et à leur jonction avec la tour, est pratiquée une lucarne saillante, non-seulement gracieuse par ses proportions relatives, mais encore par la richesse de son ornementation tout à jour.

Ces élégants édicules sont formés de colonnes annelées, avec piédestaux posés sur des têtes humaines disposées en consoles, et sont couronnées de frontons aigus, amortis par un bouquet épanoui à leur extrémité. Les tympans sont percés de trèfles au-dessus d'un arc trilobé, et leurs toits de pierre se pénètrent dans le corps de la flèche.

Les angles de chacune de ces pyramides sont garnis d'arêtiers toriques. Des gargouilles ou gouttières saillantes, figurant des démons ou des animaux fantastiques, et dont les types offrent quelque analogie avec celles de la Sainte-Chapelle de Paris, s'avancent entre chaque lucarne à la naissance des arêtiers.

L'ornementation des faces de ces flèches consiste en

---

(1) Art. de Frédéric Bernard, *Journal pour tous*, année 1857, page 160.

imbrications réticulées. Les espaces entre chaque division sont percés de trèfles de quatre feuilles et de barbacanes ; et la pointe de chacune est amortie par une croix latine fleuronnée, en fer forgé. Ainsi, par application de l'heureuse pensée de Wordsvorth, poëte anglais, on peut dire des flèches de Belleville qu'elles se dressent « comme des doigts levés pour montrer le ciel (1). »

Entre les deux tours apparaît le pignon triangulaire de la façade, encadré par un chaperon profilé de moulures, et amorti par un pédicule à crochets fleuronnés. Le tympan est percé d'une rosace découpée en cinq lobes. Une vaste plate-forme, bordée d'une balustrade ajourée en arcatures trilobées, règne devant ce pignon s'élevant en arrière-corps. Au-dessous de la rosace s'ouvre une baie écoinçonnée dans les angles et cantonnée de colonnes, pour accéder sous les combles.

En résumé, cette façade paraît avoir été construite dans les mêmes données qui furent le point générique des artistes du XIIIe siècle, de ces temps où l'art était inspiré par la foi. Or, cette donnée était la division trinitaire, perpendiculaire et horizontale.

Les murs de l'église sont flanqués de vingt six contreforts carrés à larmiers, reliés à l'édifice par un arc-boutant, servant à empêcher l'écartement des voûtes.

---

(1) Dans la flèche à gauche sont placées les quatre cloches provenant de l'ancienne église. Ce nombre n'a point été augmenté.

Ces contreforts engagés dans les murs qu'ils fortifient, sont construits en pierres de grand appareil, d'une résistance à prévenir tout affaissement. Les pinacles qui les amortissent se terminent par un couronnement triangulaire, profilés de moulures saillantes et surmontés d'un pyramidion feuillagé. L'extrados des voûtes des bas côtés est couvert de grandes dalles, disposées en plates-formes, le long desquelles sont pratiqués les cheneaux qui reçoivent les eaux des combles. Ces cheneaux reposent sur une corniche à modillons isolés, semblable à celle qui borde le grand comble.

Les deux portails latéraux fermant les bras du transept, sont d'une simplicité noble et gracieuse. Leur structure et leur décoration identiques ont beaucoup d'analogie avec ceux de la grande façade. La baie s'ouvre pareillement sous une voussure ogivale, dont l'intrados se compose de moulures concaves et toriques retombant sur les chapiteaux feuillagés des colonnettes qui ornent les tableaux. Le tore en bordure saillante qui ourle l'archivolte repose sur deux têtes humaines. Dans le champ du tympan sont des sculptures en ronde bosse.

Nous devons faire remarquer à ce sujet que toutes les archivoltes de cette église sont soutenues par des têtes saillantes, dites mascarons, de grandeur naturelle. Ces têtes calmes, gaies, tristes, ou grimaçantes, représentent généralement les vertus et les vices. Or, cette opposition symbolique du bien et du mal se rencontre souvent dans les monuments religieux de la bonne époque du sentiment esthétique.

Comme à la porte centrale de la façade, l'entrée est divisée en deux baies par un trumeau à embasement, cantonné de colonnettes, mais sans statue adossée (1).

Le tympan de la porte à gauche, sur la rue de Louvain, offre un intéressant sujet d'actualité : la consécration de l'église. Dans le fond est représentée cette église, et comme elle a été placée sous l'invocation de saint Jean-Baptiste, ce précurseur du désiré des nations est là, devant l'édifice, invoquant Dieu pour qu'il fasse descendre la bénédiction sur le nouveau sanctuaire. Au-dessus, la main de Dieu sort des nuages et envoie la religion conduire Son Éminence le cardinal-archevêque de Paris, pour consacrer l'église. Le linteau de cette porte en bordure sous ce sujet, est composé de tourelles et frontons à trilobes. Dans la partie du milieu est une niche recevant la sainte Vierge assise sur un trône et tenant l'Enfant-Jésus sur ses genoux. Cette statue est ici placée selon la règle symbolique, car la Vierge Immaculée est appelée par l'Église : *la porte du ciel*.

Dans le tympan de la porte à droite, est représentée la Résurrection de Notre Seigneur. Le Christ sort du

---

(1) Cette séparation de porte en deux baies était faite dans les temps mystiques pour figurer la porte du ciel, dont l'église est l'image sur la terre. — Le trumeau rétrécissait l'ouverture par allusion à ces paroles de N. S. : « Qu'elle est étroite la voie qui « conduit à la vie ! »

tombeau qui est gardé par cinq soldats. Deux de ces soldats sont en admiration et en prière; un autre réfléchit à ce qu'il voit; un autre, épouvanté, se sauve; et le cinquième veut, avec sa lance, percer le Christ (1). Le linteau de cette porte offre les mêmes détails d'ornementation que celui précédent, sauf que dans la niche centrale est assise la Mère des douleurs, avec le Christ mort étendu sur ses genoux.

Sauf les sujets qui ont motivé les observations critiques que nous nous sommes permis de faire ci-dessus, on peut louer sans réserve le caractère religieux de toutes les autres sculptures des portes que nous venons de décrire, car leur mérite principal c'est l'inspiration par la foi. Avant la restauration de Notre-Dame et de la Sainte-Chapelle de Paris, où Lassus a pris une si

---

(1) Il y a dans cette composition artistique conçue et inspirée des règles de l'iconographie chrétienne, une connaissance assez grande du symbolisme hiératique qui basait la morale sur des rapprochements mystiques. Or, voici des soldats qui gardent le sépulcre : le premier, resté incrédule, s'apprête à percer de sa lance Jésus, qui vient de soulever la pierre de son tombeau, le second, doué d'une âme faible, a peur et s'enfuit; le troisième, ébloui par l'action de la puissance divine, comprend qu'il y a là un pouvoir surnaturel dont il ne se rend pas bien compte. Mais les deux autres croient et adorent. Cependant, la pierre du tombeau soulevée et même renversée est une question exégétique souvent controversée. Mais pour le chrétien inspiré par la foi, N. S., ressuscité par sa puissance divine, et par conséquent dans un état glorieux, a dû sortir de son sépulcre sans toucher à la pierre qui le fermait, de même qu'il entra plusieurs fois dans le lieu où les disciples étaient réunis après la résurrection, les portes fermées : « januis clausis ».

belle part, c'était une chose oubliée, que la franche ingénuité de ces vieux maîtres qui rendaient apparents par la plastique les pieux sentiments dont ils étaient animés. Aujourd'hui, sous le rapport de l'iconographie et de l'esthétique, M. Perrey, élève distingué de l'École des Beaux-Arts, a prouvé, par l'exécution de ces bas-reliefs, qu'il est un véritable imagier du moyen âge, et que s'il a bien su emprunter à ses devanciers le secret d'un style longtemps oublié, il s'est bien gardé de les imiter dans certaines incorrections de dessin.

Les vantaux des portes, tant de la façade que du transept, sont en bois de chêne, garnis et décorés d'enroulements et d'arabesques en fer forgé, qui démontrent une grande habileté acquise aujourd'hui dans ce genre d'imitation de l'art de la serrurerie au XIIIe siècle. Cette ornementation, récemment reprise, doit d'autant plus intéresser, que l'usage des serrures fut en partie abandonné au XVe siècle, pour la sculpture sur bois dans laquelle on excellait alors.

On accède à chacun des portails du transept par quatre marches qui se relient aux soubassements. L'élévation de ces deux façades offre la même symétrie, les divisions relatives et le même caractère de noble simplicité. Les pignons sont aussi encadrés d'un chaperon orné de moulures, leur champ est percé d'une rosace éclairant les combles, et la pointe est couronnée par un pédicule feuillagé. Ainsi, toute la décoration de cette église est harmonieuse, unitaire dans son style conçu selon les exigences esthétiques, et digne de l'attention des hommes d'art.

Avant d'entrer dans les détails descriptifs des beautés architecturales et de l'aspect intérieur de l'église, il convient de donner, comme il suit, les proportions de l'édifice :

	mét.	mil.
1° Longueur hors d'œuvre................	68	675
Longueur dans œuvre, y compris la chapelle de la Sainte-Vierge, qui a 9^m,50 de longueur, sur 4^m,75 de largeur dans œuvre...........................	63	725
2° Largeur de l'église hors d'œuvre, y compris les saillies des deux contreforts...................	25	90
Largeur intérieure au droit de la nef, d'un mur à l'autre	23	10
Largeur de la nef, d'axe en axe des piliers.....	9	20
Largeur d'axe en axe de chaque nef des bas-côtés.	5	00
3° Élévation extérieure, depuis le sol de la rue, devant le portail principal, jusqu'au faîtage de la couverture..	26	20
Hauteur de chaque flèche en pierre, depuis le sol de la rue, jusqu'au dessous de la croix .. 53^m,95 Plus, de la croix en fer forgé ..... 3^m,70	57	65
Hauteur de la voûte de la grande nef, depuis le sol de l'église...................................	19	00
Hauteur de la voûte des bas-côtés et des chapelles, depuis le sol de l'église...................	8	40

Le sol de l'église est d'un mètre plus haut que celui de la rue. Le chœur est élevé de deux marches au-dessus des dalles de la nef, et les chapelles, d'une marche seulement, sauf celles de l'abside, ce qui est d'un fâcheux effet.

Lorsqu'on pénètre dans l'intérieur de cette église, on est frappé de l'aspect de son ordonnance, de son apparence de grandeur et d'unité, puis de la dignité et de la noble simplicité de son architecture. Car elle se distingue plutôt par la gravité du style que par la richesse d'ornementation, bien qu'offrant çà et là de charmants détails de sculptures. Ainsi, elle porte la double empreinte de la grâce et de la sévérité.

L'ensemble de cet intérieur présente avec une ossature vigoureuse dans ses voûtes, ses croisées et ses travées ogivales, d'ingénieuses combinaisons esthétiques. Et lorsque l'on examine à part chaque partie de l'édifice, on y reconnaît, avec une perfection de formes, une méthode raisonnée de la synthèse antérieure. Vaste dans ses dimensions, cette église peut contenir une immense assemblée de fidèles. Les augustes cérémonies de la liturgie catholique peuvent s'y développer sans obstacle, au chœur et dans les nefs, disposés d'une largeur convenable pour le passage facile des processions au milieu des assistants. Or, cette disposition si favorable au recueillement et à la piété, peut aussi fixer le goût pour cette architecture sacrée, si parfaitement en harmonie avec les formes extérieures de notre religion, et transportant l'âme vers le ciel.

L'église Sainte-Clotilde, qui couvre une superficie de 3,800 mètres, et qui est plus longue de 34 mètres que celle de Belleville, est loin de présenter la même aisance pour les fidèles et pour les cérémonies du culte, les proportions intérieures étant plus étroites. Ainsi, on ne peut reprocher à Lassus d'avoir sacrifié l'élégance des dimensions à la richesse des détails, de même qu'on l'a fait à l'architecte de Sainte-Clotilde, et d'avoir nui à la grandeur de l'ensemble par la profusion des ornements. Tout concourt donc à donner à l'église de Belleville ce caractère de beauté, de majesté et de grandeur des églises bâties par les architectes français de l'époque de Philippe-Auguste et de saint Louis.

L'édifice, très-régulier dans ses divisions, se compose de trois nefs et est soutenu par dix-huit piliers isolés, et par vingt-deux autres engagés dans les murs de refend des chapelles. La grande nef communique par quatre travées avec les nefs collatérales, qui font le tour du chœur. La nef est séparée du chœur par le transept. Le chœur est entouré de sept travées, dont les trois du fond du sanctuaire sont plus étroites, à cause du rayonnement absidial; toutes les travées du chœur correspondent également aux contre-nefs du pourtour.

L'espace compris entre la première travée de la nef et le mur de retraite de la grande façade, forme un *pronaos*, ou vestibule intérieur, dont l'élévation de la voûte ogivale surbaissée se rapporte à celle des travées de la nef; sur l'extrados de cette voûte se trouvent la tribune et le buffet du grand orgue, bon et simple instrument, dû à la savante facture de M. Cavaillé-Col, et dont le style de la menuiserie, à part certaines défectuosités, est en harmonie avec celui de l'église.

Au-dessus, la grande rose, brillamment coloriée par des vitraux peints, fait un effet magnifique par ses teintes vives et variées.

Les deux premiers piliers isolés et entourés de colonnes, sur un soubassement cruciforme ; puis, les deux autres latéraux, engagés et fasciculés, commençant la grande nef à la limite du vestibule, soutiennent les tours qui, d'autre part, reposent sur le gros mur en retrait de la façade. Dans les massifs de ces piliers engagés et du mur adhérent sont pratiqués les escaliers de pierre, en spirale et à noyau-plein, pour monter dans les tours.

Jésus-Christ a indubitablement inspiré le symbolisme architectural, en disant de lui : « Détruisez ce temple et je le rebâtirai en trois jours. » Pénétrés de cette inspiration divine, les artistes chrétiens ont, dès les temps voisins des apôtres, introduit le symbolisme dans leurs œuvres ; et ceux du moyen âge les ont imités : aussi, le nombre trinitaire, et le nombre mystique sept, se rencontrent-ils souvent dans les belles églises que nous devons à leur science.

Lassus a suivi leur synthèse en appliquant un nombre mystique, non-seulement aux portes d'entrées, mais encore aux divisions principales du chœur de son église de Belleville qui, avons-nous dit, est entouré de sept travées, est placé au centre de sept chapelles et est éclairé par sept fenêtres, nombre qui est l'emblème des sept dons du Saint-Esprit, des sept sacrements, des sept sceaux mystiques, etc. ; nombre figurant aussi le repos, le pardon, la charité et la grâce, et qui est le plus répété dans les livres saints.

Le nombre trinitaire, symbole de l'indivisibilité des trois personnes divines, se remarque aussi dans les divisions fenestrales. D'abord aux trois fenêtres trigéminées et lancéolées du fond de l'abside, et dont la lancette médiane est plus élevée que celle des côtés. La même disposition existe aux fenêtres de face du transept. Les quatre autres fenêtres du chœur, celles latérales des deux bras du transept, ainsi que les huit de la nef, se divisent en deux lancettes géminées, surmontées d'une rosace à cinq lobes, ce qui offre le même symbolisme sous une autre forme.

Les parties lisses des murs, entre les ogives et les fenêtres de la nef, sont percées de rosaces évidées en quatre feuilles, comme ornement et pour éclairer les combles des bas-côtés.

Les piliers sont garnis sur leurs faces de colonnettes engagées et arrondies en gorges, dont la réunion forme un faisceau, sous lequel le pilier se dissimule. Leur base est chanfreiné, avec moulure à talon surmonté d'un tore. Les quatre gros piliers du transept, dont les soubassements se présentent en diagonale sur l'axe de la nef, sont entourés de seize colonnes engagées, de diverses grosseurs.

Tous ces piliers fasciculés et ourlés d'un astragale, sont couronnés d'un chapiteau octogonal, sur chacun desquels descendent les nervures des voûtes, composées de trois tores, dont deux sont en retrait sur celui du milieu, et aussi, la retombée des ogives.

Rien n'est plus élégant et plus simple que la forme et l'ornementation végétale de ces chapiteaux. On voit que la pensée de l'artiste a été de se rapprocher de la nature, suivant l'esthétique du style ogival primitif. Ainsi, la feuille à crochet se voit aux angles, et autour de la corbeille figurent des feuilles de vigne vierge, de chêne, de lierre, de pommier et autres.

Cette savante réhabilitation de l'art chrétien du XIIIe siècle, dans l'église de Belleville, rappelle et démontre d'une manière précise, qu'il est essentiellement national, et que pour se rapprocher de la nature, sans la copier servilement, mais en l'arrangeant suivant ses besoins, il a emprunté ses modèles à la végétation indigène. Ce style décoratif approche donc, plus qu'aucun autre, de la perfection ; car en même temps qu'il étonne il ravit l'esprit ; en conservant l'unité dans la variété, il parle au cœur et le touche.

Au-dessus de cette ordonnance de la nef et du chœur, et de ces piliers aux lignes pures et sévères, s'élèvent des voûtes bien posées, composées d'arcs diagonaux, ou croisées d'ogives à nervures toriques, recoupés par des arcs doubleaux appareillés en claveaux et se réunissant aux autres nervures. Aux points d'intersection sont des clefs en rosaces feuillées, découpées avec finesse.

Ces nervures à trois tores reproduisant les moulures des archivoltes, retombent sur des culs-de-lampe formés de têtes saillantes, d'un caractère calme et noble.

Tous ces visages graves et placides, ainsi que ceux, non moins beaux, qui reçoivent la retombée des nervures d'arêtes des voûtes, dans les angles des chapelles, se fondent gracieusement dans les feuillages qui les entourent.

L'artiste, par une de ces fantaisies esthétiques, dont le moyen âge nous a offert de fréquents exemples, a voulu représenter dans quelques-unes de ces figures des têtes connues des fidèles, les images des personnages notables qui ont coopéré par leurs soins à la construction de cette église : le curé, le maire, les adjoints et l'architecte.

Les deux têtes qui accompagnent l'archivolte central de l'abside au-dessus du maître-autel, sont ceintes de couronnes fleuronnées. Celles qui ornent la première travée du côté de l'épître, en entrant dans le chœur, sont remarquables par la ressemblance de leurs traits, et par l'expression de leur physionomie. Celle à droite est le portrait de l'architecte Lassus, représenté dans l'attitude habituelle dans laquelle nous l'avons souvent vu, qui était de soutenir son menton de ses mains, lorsqu'il méditait un projet, ou qu'il examinait une question d'art ou d'esthétique. L'autre figure, à gauche, coiffée de la barrette, offre les traits de M. l'abbé Longbois, décédé curé de Belleville, sous l'administration duquel l'église fut bâtie. M. Dénoyez, maire de la ville, et M. Mouillard, adjoint, ont aussi leur effigie en pendant, dans la première chapelle du collatéral, auprès du transept, du côté de l'évangile. Dans la chapelle contiguë se trouve le portrait de M. Cléry, président de la fabrique, récemment décédé. Dans le chœur et les autres chapelles se voient aussi d'autres portraits.

Ainsi les cinq hommes qui ont le plus efficacement contribué à la fondation de cette église, y ont leur portraiture sculptée, et ces images seront transmises par les siècles à la postérité qui aura oublié leurs noms (1).

Sous les nefs collatérales autour de l'église, règne une suite de quinze chapelles, y compris celle terminale de la sainte Vierge, que nous avons décrite précédemment. Dans celles de chaque côté de la nef, après le transept, on a eu l'heureuse idée de placer sur chacun de leurs murs de séparation, une station du chemin de la croix, modelée en plastique et incrustée dans la pierre, avec encadrement à fronton triangulaire et colonnettes fasciculées ornées de chapiteaux. Ce chemin de croix est une acquisition faite avec le généreux concours de son clergé et d'un grand nombre de fidèles qui y ont contribué, par M. Demures, curé actuel de Belleville. Il laisse un peu à désirer comme composition et comme encadrement; il y a trop de relief et trop de personnages. Il n'y a point d'autel dans ces chapelles stationnales. Leur centre est occupé par un confessional. Il n'y a d'autel que dans trois des chapelles absidiales, un

(1) Du côté de l'évangile, et en regard de Lassus, on voit la douce figure de M. Demures, curé actuel de Belleville.

dans chaque bras du transept et un dans la chapelle de la contre-nef, à droite, en regard de la chapelle baptismale. La première chapelle absidiale à gauche de celle de la sainte Vierge est remplie par l'orgue d'accompagnement du chœur.

Du XIe au XIIIe siècle, il n'y avait de chapelles qu'autour des absides, et encore cette disposition était rare et ne le devint moins que dans le siècle suivant, où apparut aussi la grande chapelle, située à l'extrémité orientale de l'église, et toujours consacrée à la sainte Vierge ; toutefois, ce n'est pas avant le XIVe siècle qu'elle fut d'un usage constant. C'est également à cette dernière époque que les bas-côtés se garnirent d'une suite de chapelles correspondant à chacune des travées de la nef. Ces chapelles étaient souvent la possession d'un corps d'état ou d'une famille, et en étalaient les armoiries. Or, l'architecte Lassus, qui a développé tout son talent dans la structure de cette église, y a fait esthétiquement sous ce rapport ce qui, depuis plus de trois siècles, est presque de règle et de convenance dans nos églises catholiques.

Le pavement des trois nefs et du chœur est divisé en compartiments, avec symétrie ; il est composé de pierre de liais de Créteil et de marbre noir de Belgique. Celui des chapelles est en carreaux de pierre dure, aussi à compartiments.

L'église est chauffée par un seul calorifère placé sous la chapelle de la sainte Vierge. Bien qu'il n'existe ni cryptes ni caveaux sous le sol de cet édifice, on avait néanmoins projeté, comme nous l'avons dit, d'y faire reposer dans un tombeau monumental le corps embaumé de l'architecte qui en a fait les plans et qui l'a bâti. Si l'autorité supérieure administrative avait accueilli le vœu formé officiellement, à cet égard, tant par monseigneur le cardinal Morlot, archevêque de Paris, de vénérable mémoire, que par une délibération du conseil municipal de Belleville, elle aurait tout simplement renouvelé pour cet artiste ce que l'on faisait au moyen âge pour honorer la mémoire et les talents des célèbres *Maîtres de l'œuvre de nos plus magnifiques basiliques de France*, et ce que notre époque moderne a vu se renouveler en faveur de plusieurs architectes contemporains, ainsi que nous l'avons naguère historiquement démontré dans une revue mensuelle (1).

Les verrières peintes étant une partie essentielle de nos monuments religieux, et toutes les fenêtres de notre église devant successivement en être garnies, Lassus avait fait choix de M. de Martel, peintre verrier, qui pénétré des sentiments archéologiques et esthétiques, a parfaitement répondu à la confiance du célèbre architecte, en appropriant les ornements nécessaires au style de l'édifice, et en donnant aux figures toute la science de composition et d'exécution qu'il possède.

Déjà trois verrières sont placées dans le chœur, à

(1) *Annales de la charité*, mars 1858; vol. XIV, page 188 et suivantes.

l'abside ; ainsi que celles de la chapelle de la sainte Vierge et de la rose. L'unique fenêtre trigéminée de la chapelle de la sainte Vierge, offre une belle perspective, vue du bas de la nef à travers l'arc central du chœur, et au-dessus du maître-autel. Ce vitrail produit en outre un effet des plus heureux, par son éclat diamanté et la finesse des tons, dans lesquels aucune couleur criarde ne domine. L'armature en fer, gracieuse dans sa forme, se compose de médaillons quadrifoliés, où la mystérieuse vie de la Vierge immaculée se développe aux yeux des fidèles dans les douze sujets disposés dans l'ordre suivant (1).

A GAUCHE :	A DROITE :
L'Immaculée Conception.	L'Assomption.
Le Crucifiement.	Les Noces de Cana.
La Visitation.	L'Annonciation.
La Présentation au temple.	Naissance de la sainte Vierge.

BAIE CENTRALE :

Le Couronnement.	La Naissance de Jésus-Christ.
Le Trépas de la sainte Vierge.	Le Mariage de la sainte Vierge.

Suivant un ancien usage remontant au XIIe siècle et dont nous avons un curieux exemple dans un vitrail de l'abside de Saint-Denis, où Suger est représenté, au bas de notre verrière sont les huit donataires, savoir : le

---

(1) L'ordre des sujets se suit de gauche à droite et de bas en haut, disposition synthétique à peu près générale du XIIIe au XVe siècle, de sorte qu'on voit ces tableaux peints comme on lit les lignes d'un livre.

curé, M. Longbois, et ses sept vicaires, tous à genoux, en prière, devant un autel consacré à la Vierge.

D'après les règles de l'esthétique chrétienne, les mystères de la mission divine de Jésus-Christ sont représentés dans les verrières du centre de l'abside au-dessus de l'autel où ce divin Sauveur est toujours présent, en réalité. Ces sujets, au nombre de six, sont ainsi placés :

A GAUCHE :	A DROITE :
La Résurrection.	La Descente du saint Esprit.
Le Portement de croix.	La Mise au tombeau.

BAIE CENTRALE :

L'Ascension. | Le Crucifiement.

Dans les deux fenêtres latérales de l'abside apparaissent au midi, sainte Geneviève, patronne de Paris, et saint Michel archange. Au nord, saint Louis, roi de France, et saint Martin, évêque de Tours.

La rose, cet œil magnifique de la grande nef, qu'inondent des flots de lumière, représente le *chœur des Anges*. Au centre rayonne la Vierge Immaculée, autour de laquelle se développent en cercles concentriques, les chérubins, les séraphins, les anges et les archanges. Au sommet domine le prince de la Milice céleste, saint Michel, en vainqueur terrassant. Au bas flamboient les enfers, dans lesquels est précipité Satan, l'ange rebelle, le génie du mal.

Tous ces vitraux bien conçus dans le goût du XIIIe siècle et avec une parfaite intelligence des livres sacrés, sont tout à fait en harmonie avec le style du monument.

Voici maintenant d'après le plan arrêté, et qu'on a bien voulu nous communiquer, la nomenclature des autres verrières qui, avec le temps, doivent décorer les autres fenêtres du chœur, du transept et de la nef, avec l'indication des sujets qui y seront représentés, et leur disposition exégétique :

FENÊTRES LATÉRALES DU CHŒUR.

A GAUCHE :

1re fenêtre :	Saint Jean-Baptiste....	au-dessus,	saint Pierre.
2me »	Saint Jacques-le-Majeur..	»	saint André.
3me »	Saint Jean.............	»	saint Thomas.
4me »	Saint Jacques-le-Mineur.	»	saint Philippe.

A DROITE :

1re fenêtre :	Saint Marc.......	au-dessus,	saint Paul.
2me »	Saint Mathias.....	»	saint Luc.
3me »	Saint Simon........	»	saint Thadée.
4me »	Saint Barthélemy...	»	saint Mathieu (1).

FENÊTRES LATÉRALES DU TRANSEPT.

BRAS GAUCHE :		BRAS DROIT :	
Côté gauche { 1re Michée... Jonas.		Côté gauche { 1re Ézéchiel.. Aggée.	
{ 2me Habacuch, Nathan.		{ 2me Daniel .. Sophonie	
Côté droit { 1re Jérémie.. Zacharie.		Côté droit { 1re Amos.... Abdias.	
{ 2me Isaïe..... Malachie.		{ 2me Joël...... Osée.	

FENÊTRES TRIGÉMINÉES DES FACES DU TRANSEPT.

BRAS GAUCHE.

Côté gauche : Vocation d'Abraham. — Ismaël chassé. — Naissance d'Isaac.

Centre : Sacrifice d'Abraham. — Melchisédech.

Côté droit : Promesses du Seigneur à Abraham. — Mort de Sara.

(1) Ces verrières, également exécutées par M. de Martel, viennent d'être posées.

BRAS DROIT.

Côté gauche : Joseph vendu. — Vocation de Moïse.
Centre : Gloire de Joseph reconnue. — Agneau pascal.
Côté droit : Mort de Jacob bénissant ses enfants. — Mont Sinaï.

FENÊTRES DE LA NEF, A PARTIR DU BAS DE L'ÉGLISE.

Côté gauche.

1re fenêtre :	Création de l'homme		Punition.
	»	Création du monde	Péché.
2me	»	Caïn et Abel	Seth, 3e fils d'Adam.
	»	Mathusalem	Lamech.
3me	»	Arche de Noé	Sacrifice.
	»	Déluge	Sortie de l'arche.
4me	»	Cham maudit	Tour de Babel.
	»	Sem	Nembrod.

Côté droit.

1re fenêtre :	Josué		Débora.
	»	Samson	Samuel.
2me	»	Saül	David.
	»	Pénitence de David	Salomon.
3me	»	Dédicace du temple.— Nabuchodonosor.—Captivité.	
	»	Job	Tobie.
4me	»	Judith	Esther.
	»	Les Machabées	Simon et Jonathas.

Ces vitraux deviennent ici le complément de la synthèse architecturale catholique. Tout y est rangé dans un ordre exégétique parfait pour parler aux fidèles et et leur offrir la connaissance des mystères et des faits de la religion : ainsi, dans la nef figurent les principales scènes bibliques, depuis la création de l'homme jusqu'aux glorieux frères Machabées, qui soutinrent avec tant de courage les guerres contre les rois de Syrie, pour la défense de la religion et la liberté des Juifs.

Dans le transept, Abraham, Isaac, Jacob, Joseph, Melchisédech, l'agneau pascal, figures mystiques et allégoriques des grâces du salut et des bénédictions spirituelles que Dieu a voulu répandre par le Messie sur tous les hommes qui croient en lui; puis, à côté, les prophètes qui, dans leurs écrits, ont annoncé, avec une clarté et une autorité divines, le règne et la gloire de Jésus-Christ.

Enfin, dans le chœur, et entouré de faits évangéliques, apparaît, comme en un triomphe glorieux, Jésus sur l'arbre de la croix libératrice, vers laquelle se tournent les apôtres. Puis, au fond du sanctuaire, le vitrail de la Vierge immaculée complète, avec les détails esthétiques de la rose, la série des mystères et des faits de la religion. Les paroissiens de Belleville accueilleront sans doute avec une pieuse satisfaction ce brillant moyen d'embellir leur église en y multipliant les images sacrées.

Nous devons maintenant donner quelques détails sur l'ameublement, qui est généralement d'un dessin remarquable et tout à fait dans le style de l'église, c'est-à-dire, d'une harmonieuse simplicité.

Le maître-autel, placé au centre de l'abside, est précédé de trois marches, et construit en liais de Créteil, pierre qui se distingue par la finesse de son grain. La table repose en avant sur une arcature trilobée, contenant cinq statuettes : Jésus docteur, au milieu des quatre évangélistes, accompagnés des quatre animaux apocalyptiques qui sont leur attribut distinctif. A chaque bout en retour de l'autel, l'arcade est occupée par un ange. Au milieu de l'autel s'élève le tabernacle, aussi en pierre, à fronton, avec arc trilobé et portant une exposition en bronze doré, ainsi que toute la garniture de l'autel. Cette exposition, ciselée à jour avec délicatesse, est terminée par une flèche pentagonale à crochets sur les angles, et reproduisant, en petit, le galbe des flèches du portail. La hauteur de ce petit monument est de trois mètres ; harmonieux dans ses proportions, il fait un effet agréable, mais de loin seulement, car il a le grave inconvénient d'être sans base et de s'emmancher fort mal avec le tabernacle, ce qui frappe les yeux lorsqu'on est auprès de l'autel.

Les grilles en fer forgé, de la clôture du chœur et des chapelles, sont des œuvres de serrurerie d'un goût fort simple mais gracieux, montants à pointes avec enroulements dorés et embases tordues, dans le style harmonique de l'église. Cependant, elles sont trop basses, à cause des stalles, et les rinceaux de traverse feraient meilleur effet s'ils montaient plus haut.

Vingt stalles en bois de chêne sculpté sont disposées autour du chœur : dix du côté de l'épître, et dix du côté de l'évangile, chaque accoudoir repose sur une colonnette isolée. Chaque volute des parcloses qui séparent les sièges est ornée d'un animal fantastique, ciselé en relief. La miséricorde, ou siége à bascule de chaque stalle, est aussi ornée, sur la console, de sculptures en fleurons et vigne-vierge. Les lignes horizontales de ces stalles sont couronnées par les rinceaux de traverses des grilles.

Derrière l'autel, au point médium de séparation des stalles, s'élève le lutrin, composé, suivant l'esthétique des temps hiératiques, d'un aigle en bois, aux ailes étendues, attribut de saint Jean l'Évangéliste, en raison de la sublimité de son style. Ce noble oiseau, servant de pupitre, est monté sur une tige à pans coupés, profilée de moulures, et dont la base, à faces concentriques, est cantonnée aux angles des quatre animaux symboliques. Ce beau morceau de sculpture conserve sa teinte naturelle.

Les deux autels du transept, et ceux des chapelles où on en a mis, sont en pierre; leur table est portée par trois colonnettes cylindriques, aussi en pierre; le tout en style du XIIIe siècle.

Les fonts baptismaux, en pierre choisie, méritent d'être signalés particulièrement, autant par la forme octogonale caractéristique du XIIIe siècle, que par la richesse de l'ornementation. Un beau cordon de feuillages de lierre, en bonne sculpture, orne le bord supérieur de la cuve, qui repose sur un pédicule entouré d'une arcature ogivale, dont les colonnettes rondes sont isolées. Le réservoir est arrondi à l'intérieur; puis, une feuillure ménagée autour de la cuve reçoit un couvercle en cuivre. Ces fonts sont séparés de la foule des fidèles par la grille de clôture de la chapelle dans laquelle ils sont érigés.

Les deux bénitiers en pierre sont aussi de curieux objets d'art. La forme la plus ordinaire de ces symboles de la piété chrétienne, est celle d'un coquille, incrustée dans le mur. Mais ici, c'est un réservoir octogonal, garni en cuivre à l'intérieur et appliqué sur une colonne fasciculée et détachée du mur. La coupe est ornée à l'extérieur d'une guirlande végétale profondément et délicatement refouillée. Chaque bénitier est entouré d'une grille.

Mais revenons à la menuiserie, qui est tout en chêne de Hollande et de Bourgogne, exécutée avec goût. L'extrême simplicité du banc-d'œuvre, ne nous permet d'en parler que pour mémoire. Il est vaste et commode, mais sans aucune ornementation. Il n'en est pas de même pour la chaire à prêcher, où l'artiste a fait preuve de talent : car, c'est ordinairement, pour l'architecture, un sujet fort ingrat, à cause de la petitesse de la masse, de l'abat-voix, et de la difficulté de le mettre en rapport avec l'ensemble des constructions de l'église. Cette chaire, isolée, à panneaux pleins et à pans coupés, est riche d'ornementation. La tribune repose sur un pédicule à base polygonale, couronné d'un faisceau de membrures élégies et chargées d'ornements sculptés sur les arêtes ; le tout formant cul-de-lampe et se rattachant aux angles de la tribune ; l'abat-voix est bordé de huit frontons découpés en trilobes. Au centre s'élève un pyramidion ajouré, composé de montants à crochets, portant sur leur point de jonction une statue de saint Michel, terrassant, au nom de Dieu, qui est la vérité même, le Serpent infernal, père du mensonge. Derrière l'archange, se dresse un pinacle pentagonal, orné de crochets sur les angles, et au bas duquel sort un animal fantastique, simulant une gouttière, ou ce qu'on nomme ordinairement une *gargouille*. Le corps étendu de ce monstre plane en saillie sur la contre-nef, il semble vomir dans l'abîme la méchanceté et la ruse du démon, dont il est l'emblème; et en effet ce monstre personnifie, conformément à l'idée que M. le curé Longbois voulait faire représenter, l'hérésie furieuse et jalouse de la vérité qui s'enseigne dans la chaire. Ainsi, cette chaire réunit toutes les qualités qui conviennent à la menuiserie religieuse imitée des vieux temps.

Les huit confessionnaux, construits sur les mêmes plan et dessin, rappellent un peu le style tertiaire du XVe au XVIe siècle. Les motifs uniformes de leur structure et de leur ornementation consistent en un fronton aigu, profilé de moulures, chargé de crochets feuillagés sur les rampants et cantonnés de pinacles, aussi à crochets. Les abris de chaque côté du confessionnal sont ourlés d'une petite galerie découpée à jour, et la porte centrale est divisées en trois baies trilobées, par deux colonnettes annelées.

Il n'est pas jusqu'aux tambours des portes, ces enceintes de lambris d'invention moderne, disposées devant les entrées pour préserver du froid, qui ne rappellent dans leur simplicité, la perfection dans la coupe et le trait des ouvrages de menuiserie qui nous restent des XIIIe et XIVe siècles. Ces lambris à deux vantaux, composés de panneaux carrés, encadrés de moulures en chanfrein, sont surmontés d'une bordure crénelée et cantonnés de petits pinacles accouplés.

Pour soustraire facilement au vol le produit des aumônes on a eu l'ingénieuse idée de faire des troncs mobiles en apparence, qui ne manquent pas d'une certaine élégance archaïque. Leur boîte à pans coupés et ornementée, est montée sur un pédicule avec soubassement; le tout ciselé et profilé de moulures. Leur isolément fait croire, au premier aspect, qu'ils pourraient être transférés à l'abri de toute effraction.

La boiserie de l'orgue du chœur est sobre d'ornementation; mais elle est amortie par un ange embouchant deux trompettes, figurant les voix du ciel et de la terre, se réunissant dans les saintes mélodies de cette liturgie catholique qui, dans ses mystérieuses beautés, inspirées par l'Esprit-Saint, est l'âme de nos églises et exhale par son essence divine : la *Confession*, la *Prière* et la *Louange* (1).

La boiserie du grand orgue, faite sur les dessins de M. C. Truchy, forme une décoration sèche et d'un goût un peu trop simple. Il est probable que si l'architecte

(1) Il est bien regrettable aujourd'hui que dans beaucoup d'églises le service divin soit entremêlé de chants demi-religieux et demi-mondains, de telle sorte que chaque parole est tellement enveloppée par une confusion d'instruments et de voix si embrouillés, que les oreilles des assistants ne distinguent point ce que l'on chante et ne reçoivent que des sons

Lassus, dont le goût présidait à la conception, avait pu coopérer à l'œuvre, il aurait donné à cette décoration, si voyante, des formes d'un galbe plus tranché, et à tout l'ensemble un caractère plus esthétique.

Néanmoins cette boiserie se rapproche du style de l'église et nous paraît assez bien assortie aux exigences de l'instrument, encadrant le bas de la rose, à fleur de la périphérie, laissant voir les tuyaux de montre dans toute leur hauteur et suivant leur déclivité. La montre se compose de deux tourelles peu saillantes et de cinq plates-faces. L'architecte aurait pu assurément faire quelque chose de plus parfait, tout en laissant, sur le crédit voté par la commune, une somme plus forte pour l'orgue lui-même. Car les bois du buffet travaillés avec un soin et une richesse déplacés, sont trop épais et ôtent à l'instrument de sa sonorité. Le buffet repose sur une voûte ogivale, à nervures croisées. La tribune est ornée d'une galerie de pierre en arcatures trilobées, découpées à jour et reposant sur une corniche saillante, au-dessous de laquelle, de chaque côté, sont deux statuettes en façon de consoles finement sculptées.

L'orgue étant le premier des accessoires qui

inarticulés. Les propagateurs de ces innovations, contraires aux règles canoniques, qui veulent que *tous*, même les plus simples fidèles, prennent part au chant de l'église, ces propagateurs disent qu'il faut marcher avec son siècle, en finir avec le plain-chant, avec la forme gothique et surannée de la liturgie chrétienne.

contribuent à la majesté du culte catholique, il
nait de doter la nouvelle église de Belleville d'un instrument complet, de noble aspect et comprenant toutes les perfections de l'art moderne. La facture en fut confiée à MM. A. Cavaillé-Coll et Comp., à qui on doit les orgues de Saint-Denis, de la Madeleine, de Saint-Vincent-de-Paul, de Sainte-Clotilde, de Saint-Sulpice, à Paris; à Saint-Bernard, de la Chapelle.

Cet orgue fut construit en 1860. C'est un huit pieds en montre avec pédales de seize pieds. Il se compose de vingt-quatre jeux, distribués sur deux claviers à claviers pédalier complet de dix pédales de combinaison et de treize cent soixante-quatorze tuyaux.

Voici, ci-après, la nomenclature et la composition des jeux :

PREMIER CLAVIER, GRAND ORGUE D'UT A FA, 54 NOTES.

1° Montre de 8 pieds.................................... 54
2° Bourdon de 16 pieds................................. 54
3° Flûte harmonique de 8 pieds........................ 54
4° Salicional de 8 pieds................................ 54
5° Bourdon de 8 pieds.................................. 54
6° Prestant de 4 pieds.................................. 54

JEUX DE COMBINAISON.

7° Octave de 4 pieds....................................
8° Quinte de 3 pieds....................................
9° Doublette de 2 pieds.................................
10° Plein-jeu harmonique de 3 à 6 rangs...............
11° Trompette de 8 pieds................................
12° Clairon de 4 pieds...................................

SIXIÈME CLAVIER, RÉCIT EXPRESSIF D'UT A FA, 54 NOTES.

Flûte traversière de 8 pieds..................	54
Flûte octaviante de 4 pieds..................	54
Viole de gambe de 8 pieds..................	54
Voix céleste...........................	42
Octave harmonique de 2 pieds....	54
Trompette de 8 pieds.....................	54
Basson et hautbois de 8 pieds...............	54
Voix humaine de 8 pieds..................	54
	420 tuyaux.

CLAVIER DE PÉDALES D'UT A RÉ, 27 NOTES.

Contre-basse ou flûte ouverte de 16 pieds. . .	27
Basse ou flûte ouverte de 8 pieds............	27
Bombarde de 16 pieds......................	27
Trompette de 8 pieds.......................	27
	108
Clavier du grand orgue......	846
Clavier de récit expressif ...	420
EN TOTALITÉ................	1,374 tuyaux.

Après avoir, selon nos modestes connaissances, décrit apprécié le mérite artistique, unitaire, synthétique et iconographique de toutes ces reproductions de l'art chrétien, nous devons inscrire ici, comme mémorial historique, les noms des principaux artistes et ouvriers qui ont participé, par leurs travaux, à la construction et à la décoration de l'église de Belleville, et dont la physionomie intelligente de plusieurs, reproduites dans les mascarons qui ornent la nef et les chapelles, seront vues avec intérêt par les générations futures.

Après les architectes Lassus, créateur du monument, et C. Truchy, son successeur, pour l'ornementation et l'ameublement, en partie d'après les plans du savant maître de l'œuvre; après les entrepreneurs de la construction, désignés ci-dessus, à la page 38, voici ceux qui ont aidé à réaliser sa pensée esthétique :

La statuaire est due au ciseau de M. Perrey;

La sculpture à MM. Pyanet, Martrou, Jacob et Pelletier;

La vitrerie peinte, à M. de Martel;

La serrurerie, si parfaite, sort des ateliers de M. Roy;

Toute la menuiserie sort des ateliers de charpenterie de M. Nicolas;

Et l'orfévrerie provient de la fabrique du célèbre artiste, M. Bachelet.

Malgré notre parfaite estime pour l'honorable architecte M. Truchy, nous devons dire ici franchement que, par respect pour la mémoire de son maître, M. Lassus, il n'aurait pas dû faire graver son nom sur une des deux plaques de pierre dure qui sont à l'entrée de l'église, et qui se font pendant sous les côtés; l'une, rappelant la pose de la première pierre; l'autre, la consécration de l'église. Les architectes de la ville de Paris ont vu avec regret que M. Truchy se mît ainsi en parallèle avec

M. Lassus, comme s'il avait fait autant que lui pour la construction de l'église. De son côté, Mme Lassus a protesté et s'est plainte à monseigneur Buquet, alors vicaire-général, aujourd'hui évêque *in partibus* de Parium, et à M. Demures, curé de Belleville. Ce serait donc justice de laisser à M. Lassus, seul, la gloire de ses œuvres, et de ne pas faire partager un honneur par quelqu'un qui ne le mérite pas au même degré.

A l'appui de ce que nous venons de dire, et pour compléter notre description, nous transcrivons ici les deux inscriptions précitées, dont le texte aurait dû être latin et en style lapidaire :

A GAUCHE.

Sous le règne de Napoléon III.

Empereur des Français.

La première pierre de cette église, édifiée svr l'emplacement de celle qvi datait de MDCXXXV, a été bénite par Monseignevr D.-A. Sibour, archevêqve de Paris, le XXIV jvin MDCCCLIV, et posée par le baron Haussmann, préfet de la Seine; le comte de Persigny étant ministre de l'intérievr; Fortoul, ministre de l'instrvction pvbliqve et des cvltes; Pommier, maire; Longbois, cvré; Dénoyez, Mouillard, Mignard, adjoints av maire; Lassvs, architecte.

A DROITE.

Sous le règne de Napoléon III,
Empereur des Français.

———

Cette église a été consacrée par Son Éminence le Cardinal F.-N.-M. Morlot, sénatevr, archevêqve de Paris, le XI août MDCCCLIX ; le dvc de Padoue étant ministre de l'intérievr; Rouland, ministre de l'instrvction pvbliqve et des cvltes; le baron Haussmann, sénatevr, préfet de la Seine; Dénoyez, maire; Demures, cvré; Mouillard, Thiébault, adjoints av maire; Truchy, architecte.

———

Notre tâche descriptive étant terminée, il ne nous reste plus qu'à consigner ici le sentiment qu'inspire l'église de Belleville aux praticiens et aux amateurs de l'architecture du moyen âge. Cette église, en style ogival primaire, dit *gothique*, est une tradition exacte des formes nobles, simples et sévères, adoptées par la civilisation chrétienne au XIIIe siècle.

Il est indubitable qu'en fait d'architecture chacun peut avoir sa prédilection, surtout à notre époque si sagace et si positive, où, pourtant, l'art sans spécialité, est en décadence et purement éclectique, et où l'emploi des formes pastiches grecques et romaines est assez ordinairement préféré à tout autre. Cependant, si on en juge d'après sa pensée écrite on doit reconnaître qu'inspiré par les principes synthétiques et esthétiques dont il s'était pénétré par une étude sérieuse de l'art chrétien, l'architecte Lassus, en composant les plans de l'église de Belleville, ne s'est point livré à une imitation servile du style de ces grands architectes de la période de Philippe-Auguste à saint Louis, et qu'on appelait alors : *Magistri lapidibus vivis* (1). Mais il avait si parfaitement saisi le caractère de leur synthèse et la théorie de leurs œuvres, qu'il est parvenu à créer une église dans ce style hiératique et national, dont le règne dura en Europe, non sans quelques dérivations, depuis le XIe jusqu'au XVe siècle. Son œuvre exempte de toute exagération et de tout faux ornement, qui caractérisent certaines églises neuves, est tout à fait, par sa noble simplicité et son harmonie générale, dans le goût exquis des maîtres du XIIIe siècle.

Il est donc évident que l'église de Belleville offre dans son aspect plus d'ampleur, plus d'unité et de certitude

---

(1) « Nous n'admettrons jamais les copies *serviles*, quelles
» qu'elles soient, pas plus du gothique que de l'antique. C'est
» qu'à nos yeux l'artiste cesserait de mériter ce titre, du mo-
» ment qu'il se résignerait à ne faire que de serviles reproduc-
» tions. » Lassus, Préface de l'*Album de Villard de Honnecourt*,
architecte du XIIIe siècle, page 16. Ouvrage précieux mis au
jour par Lassus, et qui donne une idée complète des connaissances théoriques en architecture à cette époque.

dative dans le style, que celle de Sainte-Clotilde, achevée par l'habile architecte, M. Th. Ballu, où, cependant, le XIVe siècle domine, car M. Gau, auteur des plans, s'est inspiré de l'ancienne abbatiale de Saint-Ouen, de Rouen. L'étroitesse de ses proportions, et le manque de liaison de certaines de ses parties, frappe les yeux; mais offrant, du reste, le cachet religieux de l'esthétique chrétienne, elle plaira toujours infiniment plus que Notre-Dame-de-Lorette et Saint-Vincent-de-Paul, avec leurs coquetteries païennes.

Il est notoire que les églises de Sainte-Clotilde et de Saint-Jean-Baptiste, de Belleville, sont, à peu près, avec celle de Saint-Bernard, de La Chapelle Saint-Denis, en style fleuri de la fin du XVe siècle, due au talent remarquable de M. Magne, architecte, ce qu'on a fait de mieux en notre temps. Ces trois pieux édifices, inspirant un sentiment religieux par leur aspect, font honneur aux artistes qui les ont construits, et qui, selon leurs intelligentes capacités, ont ressuscité, avec plus ou moins d'entente des vieilles théories, l'esthétique du génie de la foi, au moyen âge.

Si Lasssus, dont la brillante carrière fut sitôt brisée, a été privé du bonheur de livrer lui-même son église de Belleville au culte divin, du moins, il en a vu, à peu de chose près, achever la grosse œuvre. La sculpture d'ornementation intérieure était très-avancée lorsqu'il mourut. On espéra alors que cette œuvre serait achevée par M. H. Labrouste, le savant maître et ami de Lassus, auquel ce dernier venait de dédier sa curieuse publication commentée de l'*Album de Villard de Honnecourt* (1). Mais ce fut M. Truchy, élève de Lassus, qui fut chargé de cette tâche, devenue moins complexe et moins laborieuse.

 Une des circonstances intéressantes de l'entreprise de cette œuvre monumentale et dernière de Lassus, exécutée en quatre années, c'est que le chiffre de la dépense totale fixée par les devis officiels, loin d'avoir été dépassé, n'a pas même été atteint. Ce fait rare, sinon unique, doit tourner à la gloire de l'honorable artiste, si on considère toutes les améliorations techniques qu'il a pratiquées dans la construction. Ainsi, les voûtes de la terrasse au-dessus du portail et de la tribune de l'orgue sont en moellons appareillés. Les piliers supportant les arcs-boutants, au lieu d'être unis, suivant le projet, sont ornés de colonnettes avec chapiteaux sculptés. Les chenaux projetés en zinc, matière peu monumentale et peu durable, sont en roche de Bagneux, et pour le dallage de l'église, des carreaux de marbre et de pierre de liais sont substitués à la pierre factice; de sorte que, malgré ces graves modifications, le chiffre officiel de la dépense totale et prévue a été diminuée de 38,844 fr. 91 cent., réduction considérable résultant des rabais obtenus par l'adjudication des travaux, et qui a été un profit réel

---

(1) Ouvrage imprimé peu de temps après la mort de l'auteur et sur ses manuscrits, par les soins d'un de ses amis, M. Alfred Darcel, un volume in-4° de 248 pages de texte, orné du portrait de Lassus et de 72 planches gravées sur métal, tirées sur papier de Chine; le tout sortant des presses de l'imprimerie impériale.

pour la commune. Aussi, pour témoigner à Lassus son unanime satisfaction, le conseil municipal de Belleville lui décerna une médaille commémorative (1).

Si, dans les limites de notre humble savoir archéologique, nous avons admiré dans la structure esthétique de l'église de Belleville la science de l'architecte, et si nous croyons avoir trouvé dans cett œuvre du XIXe siècle une reproduction fidèle de la synthèse hiératique, il nous semble que notre opinion se trouve pleinement confirmée par des hommes compétents, qui, en ramenant l'attention sur notre vieille architecture nationale, joignent à la théorie, la science pratique et incontestable de l'art chrétien.

Ainsi, M. Alfred Darcel, dans sa judicieuse *Biographie de Lassus*, dit : « Il éleva l'église de Belleville, noble monument ogival, vigoureux et solide, dont la nef est de proportions excellentes, et la façade un vrai chef-d'œuvre, par l'ajustement des clochers sur les tours qui l'accompagnent (2). »

---

(1) Voici une remarque comparative intéressante au double point de vue de l'économie et de l'activité : la dépense nécessitée à Sainte-Clotilde a été évaluée à 5,761,000 fr. Commencée en 1846, la grosse œuvre ne fut terminée qu'en 1854, et l'édifice n'a été complétement achevé qu'en 1858; d'où il résulte qu'on a employé douze années pour doter Paris d'une église gd'un agréable et pieux aspect, mais ornementée avec une incohérente profusion, et qui laisse à désirer sous le rapport de l'ampleur et de l'harmonie esthétique. Elle a été consacrée le 0 novembre 1857.

(2) *Illustration*, 8 août 1857, vol. XXX, n° 754. — *Annales archéologiques*, tome XVII, page 311

Puis, M. Adolphe Blanchot termine par les lignes suivantes sa savante et curieuse notice sur l'église de Sainte-Clotilde, insérée en 1857 dans la *Revue de l'Art chrétien*, dirigée par la docte abbé Corblet : « Si notre critique paraît un peu sévère à nos lecteurs, ils nous excuseront et partageront tous nos regrets, lorsqu'ils sauront qu'aux portes de Paris s'élève une charmante église en style du XIIIe siècle, à trois nefs, transepts, flèches jumelles, bien supérieurs comme style à Sainte-Clotilde, et qu'un petit bourg comme Belleville (*sic*) a su se donner, avec quelques cent mille francs, ce que la grande capitale n'a pas obtenu avec ses millions. »

Tout paroissien pieux s'affectionne à son église où il remplit ses devoirs de chrétien ; de cette affection naît une sorte de curiosité naturelle et permise : on aime à connaître certains détails historiques sur sa paroisse, son origine et ce qu'elle possède de remarquable. C'est pour satisfaire ce désir, qu'avant de faire la description de la nouvelle église, nous avons commencé par donner quelques brèves notions historiques sur l'ancienne commune de Belleville, mais celles que nous allons donner, en finissant, nous étant parvenues tardivement, nous avons dû les consigner ici, comme renseignements complémentaires de l'histoire de la paroisse.

Il existe des archives dans cette paroisse, qui datent de 1694 à 1832 ; mais dépourvues de titres et de documents originaux, elles offrent peu d'intérêt, et sont dans un état complet de vétusté.

Avant le décret de l'Assemblée nationale du 12 juillet 1790, d'après lequel les évêques et les curés devaient être élus par le peuple, l'église de Belleville était desservie par un prêtre, sorte de vicaire perpétuel et titulaire de cette cure, dont le curé de Saint-Merry était *curé primitif*, aux droits de l'ancien chapitre de cette collégiale, comme étant seigneur foncier; ce qui constituait une certaine dépendance, en vertu de laquelle ce curé primitif jouissait des dixmes et revenus de Belleville, et en donnait une certaine portion des fruits au desservant.

Le corps de M. l'abbé Viennet, le dernier de ces curés-vicaires, repose dans le cimetière paroissial, où il fut inhumé le 9 avril 1803.

Il n'y eut de curé titulaire inamovible qu'après le Concordat. Alors la paroisse de Belleville fut érigée en cure, par décret archiépiscopal de monseigneur le cardinal de Belloy, du 28 floréal an X (18 mai 1802).

Les curés de la paroisse de Belleville, depuis le Concordat, sont :

MM. Charles-Isidore Dumoitiez, ancien bénédictin de Saint-Remi, de Reims, installé le 24 juin 1802, décédé le 27 mai 1832.

Pierre-Auguste Faudet, docteur en théologie, installé le 19 juillet 1832; nommé, le 7 mars 1833, à la cure de Saint-Étienne-du-Mont, et à celle de Saint-Roch, en 1852.

Charles-Constant-Romain Longbois, né le 17 octobre 1794, installé le 2 avril 1833, mort le 9 mai 1859, trois mois avant la consécration de l'église construite sous son administration.

Et Jacques-Olympe Demures, installé le 30 juin 1859 dans l'église provisoire, et qui dirigea la consécration de la nouvelle église.

L'église de Belleville est assez riche en reliques notables; elle en possède de saint Jean-Baptiste, son patron titulaire; de saint Roch, confesseur; un doigt de saint Piat, prêtre et martyr, à Tournay; de sainte Hélène, impératrice, et de sainte Clotilde, reine de France.

Le but des confréries étant d'unir plusieurs personnes par un lien spirituel de fraternité, et pour s'aider mutuellement par les prières, les exemples et les conseils, il en existe deux à Belleville : celle du Saint-Sacrement et celle de la sainte Vierge, de fondation ancienne, et rétablie par indult de S. Ém. le cardinal Caprara, légat du Saint-Siége, en date du 2 juillet 1803.

Nous n'avons pas à parler ici des œuvres paroissiales, ou de charité, et des congrégations religieuses vouées au service des pauvres, il nous suffit de dire qu'il en existe dans la paroisse de Belleville, qui, avec ses prêtres, les sœurs de charité et l'assistance officielle, s'empressent de consoler et de soulager toutes les misères qui se présentent (1).

(1) Pour avoir quelques notions sur les écoles, les œuvres paroissiales et officielles de Belleville, qui se sont sans doute améliorées depuis l'annexion, il faut lire le compte-rendu par la *Semaine religieuse*. (22 janvier 1860, tome XIII, n° 323, page 92 et suivantes.)

Ici se termine ce que nous avons pu recueillir d'intéressant sur la commune de Belleville et sa nouvelle église, après de consciencieuse recherches. En écrivant cette notice, nous avons cru ajouter une page à l'histoire de la paroisse et de la localité, et satisfaire la pieuse curiosité des habitants. Nous leur demandons l'indulgence que mérite le but honorable que nous nous sommes proposé.

TROCHE

Auteur d'une Monographie *inédite* de l'Église, anciennement collégiale et royale de Saint-Germain-l'Auxerrois à Paris ; ancien collaborateur de la **Revue Archéologique**.

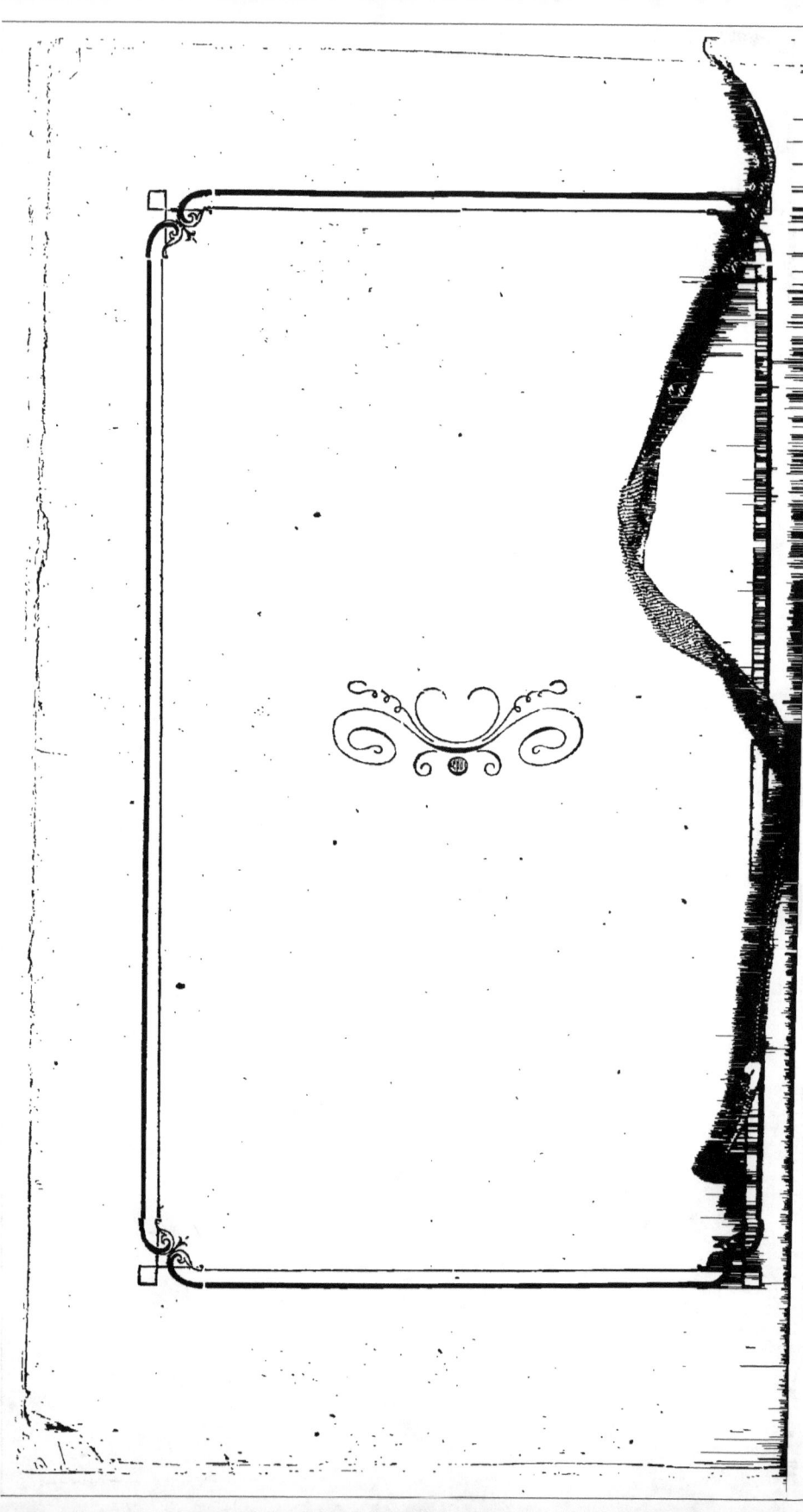

www.ingramcontent.com/pod-product-compliance
Lightning Source LLC
Chambersburg PA
CBHW070239100426
42743CB00011B/2091